Burgund und seine Weine

Nicholas Faith

Burgund und seine Weine

Fotos von Andy Katz
mit einem Vorwort von Robert M. Parker Jr.

 Hallwag

Die englische Originalausgabe ist 2002 unter dem Titel «Burgundy and its Wines» bei Duncan Baird Publishers Ltd., London, erschienen.

All rights reserved
Copyright © Duncan Baird Publishers Ltd. 2002
Text copyright © Nicholas Faith 2002
Introduction copyright © Robert M. Parker, Jr., 2002
Photography copyright © Andy Katz 2002
Commissioned artwork and map copyright © Duncan Baird Publishers Ltd. 2002
(Das Copyright für die Fotografien auf der Dankseite ist eine Ausweitung dieses Copyrights.)

Übersetzung: Reinhard Ferstl, München
Lektorat: Urs Aregger, Stettlen b. Bern
Projektleitung: Marc Strittmatter
Herstellung: Robert Buchmüller, Bern
Satz: Utesch GmbH, Hamburg
Umschlaggestaltung: KMS, München
Printed and bound by Imago Publishing Ltd., China
1. Auflage, 2002

Copyright © 2002 Gräfe und Unzer Verlag GmbH
Grillparzerstraße 12, 81675 München
Alle deutschen Rechte vorbehalten

Hallwag ist ein Unternehmen des Gräfe und Unzer Verlags,
München, Ganske Verlagsgruppe
hallwag-leserservice@graefe-und-unzer.de

ISBN 3-7742-0778-X

Hallwag

INHALT

EINFÜHRUNG von Robert M. Parker, Jr. 6

KAPITEL EINS: Warum Burgund? 12
Geologie und Geographie, Rebsorten und Geschichte einer der bedeutendsten Anbauregionen der Erde

INTERMEZZO: Ein Herzogtum und seine Hauptstadt 34
Warum die bewegte Vergangenheit Burgunds sich in seiner Hauptstadt Dijon widerspiegelt

KAPITEL ZWEI: Der Königsweg nach Romanée-Conti 38
Gevrey-Chambertin, der Clos de Vougeot und die Chevaliers du Tastevin, Romanée-Conti und Corton

KAPITEL DREI: Beaune wie Business 58
Händler wie Jadot, Drouhin oder Latour und die jährliche Versteigerung in den Hospices de Beaune

KAPITEL VIER: Die heiligen Steine von Montrachet 78
Dörfer der Côte de Beaune: Pommard, Volnay, Meursault, Chassagne-Montrachet und Puligny-Montrachet

KAPITEL FÜNF: Die Herausforderer 98
Wie die Hautes Côtes, die Côte Chalonnaise und das Mâconnais der Côte d'Or Paroli bieten

KAPITEL SECHS: Die «anderen» Burgunder 120
Zwei ganz besondere Außenseiter: die fruchtigen Gamay-Weine aus Beaujolais und die lebendigen Weißen aus Chablis

NÜTZLICHE INFORMATIONEN:
Einige der besten Händler und Güter 138
Appellationen und Grands crus 143
Dank, Bild- und Quellennachweis 144

EINFÜHRUNG
VON ROBERT M. PARKER, JR.

Andy Katz' großartige Fotografien von Burgund sprechen für sich. Um sie in ihrer ganzen Schönheit genießen zu können, sollte man allerdings etwas über das einmalige Wesen der Region im Osten Frankreichs wissen. Die Weinregion Burgund setzt sich aus fünf Bereichen zusammen: Chablis, Côte d'Or (mit den berühmten Hängen der beiden Unterbereiche Côte de Beaune und Côte de Nuits), Côte Chalonnaise, Mâconnais und Beaujolais. Im Gegensatz zu Bordeaux, das zur einen Seite vom Atlantik und zur anderen von der Gironde begrenzt wird, übt in Burgund kein größeres Gewässer Einfluss auf das Klima aus. Prägend wirken sich daher vor allem die Westwinde aus, die reichlich Regen und manchmal leider auch verheerende Hagelstürme mit sich führen – sie können den Reben ganz schön zusetzen. Dank der nördlichen Lage Burgunds aber profitieren die Stöcke gleichzeitig von den längeren Tagen während der wichtigen Reifemonate im Sommer. Stellt sich dann ab Anfang September noch trockenes, sonniges Wetter ein, fahren die Weinbauern hochwertiges Lesegut nach Hause.

Der Boden der Region setzt sich zumeist aus Kimmeridgium und Kalk zusammen. In Chablis gibt er neben seinem Vetter, dem Portlandkalk, den idealen Untergrund für Chardonnay-Reben ab. Die berühmte Côte d'Or – nach Auffassung vieler Weinkenner das Nonplusultra Burgunds – besteht im Wesentlichen aus einer rund 50 km langen, kalkigen Hangkette zwischen Marsannay und Santenay. Sie bildet die östliche Kante eines Kreideplateaus, das zum Tal der Saône hin abfällt. Die Côte de Nuits als nördliche Hälfte des Bereichs hat eine östliche Ausrichtung, die allmählich in eine südöstliche übergeht. In der Côte Chalonnaise bricht die geschlossene Kalkschichtstufe ab und geht über in eine Kette kleiner Hügel mit Kalk als Muttergestein und Oberböden aus Ton- oder Sand, denen gelegentlich Eisenbestandteile beigemengt sind. Die darunter liegende Kalkschicht bleibt jedoch immer präsent und durchzieht nicht nur die gesamte

EINFÜHRUNG

Côte Chalonnaise, sondern auch die sanft geschwungene, pastorale Landschaft des benachbarten Mâconnais, bis sie schließlich dem Granit des Beaujolais weicht.

Nach Ansicht von Geologen ist das Kalkgestein der Côte d'Or vor über 150 Millionen Jahren entstanden, also lange bevor sich der Mensch auf der Erde breit machte. Während der Jurazeit vor 135 bis 195 Millionen Jahren nahm die geologische Gestalt von Burgund Formen an. In dieser Zeit entstanden auch die versteinerten Zeugnisse der Meeresfauna, die sich allmählich durch kalkigen Schlamm verfestigten. Der Kalk im Meer, das sich über das heutige Gebiet von Burgund erstreckte, sedimentierte und wurde zu Fels. Er bildet zusammen mit Mergel das Rückgrat der verschiedenen Hänge und berühmten Lagen nicht nur an der Côte d'Or, sondern auch in Chablis, der Côte Chalonnaise und dem Mâconnais.

Klima und Boden sind ein Aspekt von Burgund – die Menschen und ihre Kultur ein anderer. Vermutlich kam der Weinbau schon in der Antike nach Burgund. Um 600 vor unserer Zeitrechnung gründeten Griechen das spätere Marseille, was manche Historiker mutmaßen ließ, die Hellenen

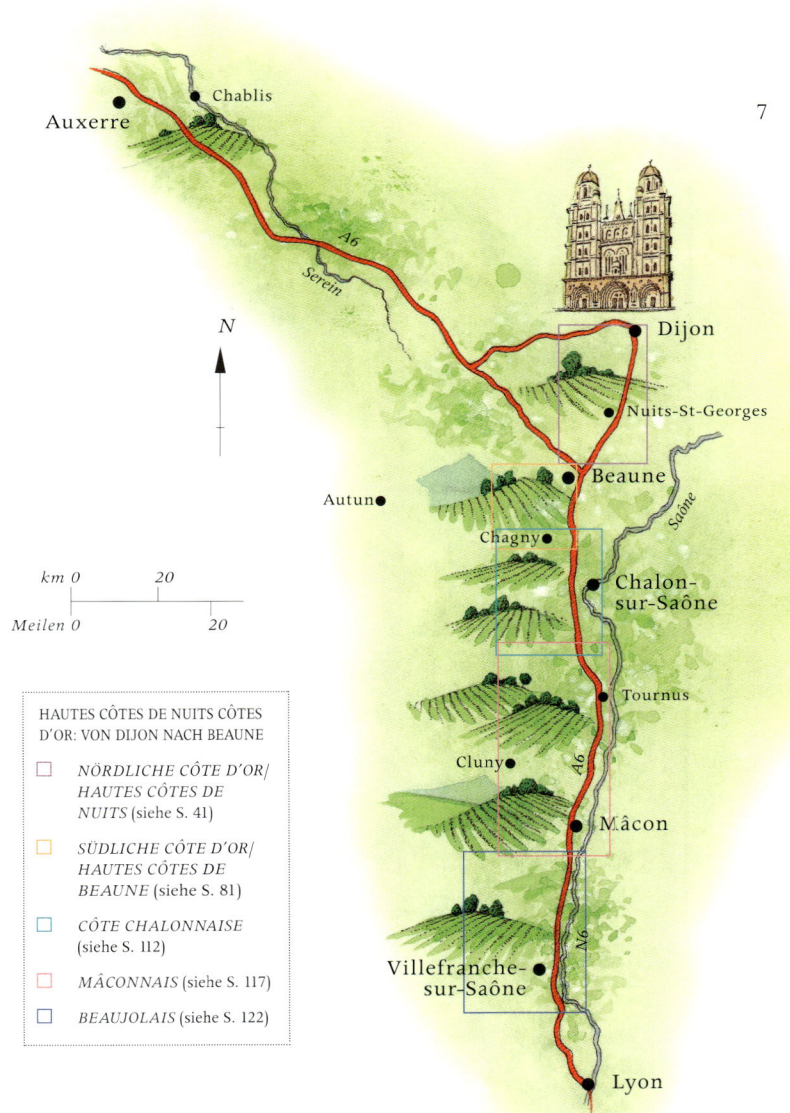

HAUTES CÔTES DE NUITS CÔTES D'OR: VON DIJON NACH BEAUNE

☐ *NÖRDLICHE CÔTE D'OR/ HAUTES CÔTES DE NUITS* (siehe S. 41)

☐ *SÜDLICHE CÔTE D'OR/ HAUTES CÔTES DE BEAUNE* (siehe S. 81)

☐ *CÔTE CHALONNAISE* (siehe S. 112)

☐ *MÂCONNAIS* (siehe S. 117)

☐ *BEAUJOLAIS* (siehe S. 122)

seien das Tal der Rhône hinaufgewandert und hätten am Flussufer sowie weiter nördlich in Burgund Weinberge angelegt. Andere schreiben den Römern das Verdienst zu, Reben nach Burgund gebracht zu haben. Gewiss sind die römischen Ruinen, die Archäologen zutage gefördert haben, nicht die einzigen Spuren der ehemaligen Besatzer. Nach Cäsars Eroberung von Gallien im Jahr 52 v. Chr. erlebte das Land eine Periode der Stabilität, in der viele Ansiedlungen entstanden. Damit wurde die Grundlage für eine Wirtschaft geschaffen, in der auch der Weinbau florieren konnte. Es ist kaum vorstellbar, dass die trinkfreudigen Römer die Anlage von Rebhängen und die Erzeugung von Wein in der Gegend nicht gefördert haben. Handfeste Beweise indes fehlen, und so bleiben alle Theorien reine Mutmaßung.

Im Mittelalter etablierte sich Burgund als eigenständige Region. Wesentlichen Anteil daran hatte die florierende katholische Kirche und speziell der Benediktinerorden von Cluny. Im Jahr 1098 gründete der benediktinische Reformorden der Zisterzienser in einer verlassenen Gegend östlich des Dorfs Nuits-St-Georges die Abtei von Cîteaux. Die Mönche waren bekannt für religiösen Eifer, hohe Arbeitsmoral und spartanischen Lebensstil. So beschlossen sie wohl, den kargen, unfruchtbaren Fels im Gebiet der heutigen Côte d'Or zu erschließen. Die kalkigen Hänge hatten sich zwar als ungeeignet für Ackerbau erwiesen, doch die Zisterzienser mit ihrem Willen zu körperlicher Fron waren fest davon überzeugt, dass man auf ihnen Reben kultivieren und daraus guten Wein keltern konnte.

Die Ausbreitung und Machtentwicklung des Ordens in Burgund ist selbst nach heutigen Maßstäben beeindruckend. 1141 erwarben die Nonnen der Zisterzienserabtei Notre Dame du Tart einen Weinberg in Morey-St-Denis, der unter der Bezeichnung Clos de Tart bekannt wurde. Er blieb bis zur Französischen Revolution ihr Eigentum. Außerdem richteten die Zisterzienser ein Kloster neben dem Weinberg Clos de Vougeot ein, der Hunderte Jahre später in

EINFÜHRUNG

das speziell für die besten französischen Anbaugebiete eingerichtete, ausgefeilte Appellationssystem einbezogen wurde. Irgendwann einmal stammte ein Großteil des Weins, der in die Hauptstadt Paris verfrachtet wurde, von den Ordensleuten, denn Bordeaux, die zweite wichtige Anbauregion, wurde damals von den Engländern kontrolliert, die ihren Durst nach *claret* stillen mussten.

Das goldene Zeitalter Burgunds fiel in die Epoche von der Mitte des 14. bis zur Mitte des 15. Jahrhunderts. In dieser Zeit herrschten die burgundischen Großherzöge nicht nur über ihre Heimat, ihnen gehörten obendrein fast ganz Nordfrankreich und weite Teile der Gebiete, die heute Belgien, die Niederlande und Luxemburg bilden. Kunst, Architektur und Musik erlebten eine Blüte. Die großen religiösen Ordensgemeinschaften konnten ihren Einfluss noch weiter ausbauen. Sie profitierten von Stiftungen frommer Bürger, die den Klöstern riesige Ländereien vermachten. Die Herzöge ermutigten die Glaubensleute ihrerseits, große Abteien und Kathedralen zu errichten. Und natürlich florierte auch der Handel mit der wichtigsten weltlichen Ware der Kirche: Wein.

Der große Bruch kam mit der Französischen Revolution von 1789. Die gigantischen Weingüter der Reichen, des Adels und der Ordensgemeinschaften wurden in kleinere Besitztümer aufgeteilt. Mit der Einführung des Code Napoléon verstärkte sich die Fragmentierung der Anbauflächen. Das neue Gesetz schrieb vor, dass Grundbesitz nach dem Tod des Eigentümers zu gleichen Teilen an die Söhne überzugehen habe. Damit wurden die Parzellen mit jeder neuen Generation kleiner.

Heute ist das Anbaugebiet Burgund ein unüberschaubares Wirrwar von winzigen Parzellen geworden. Wie frustrierend absurd und kompliziert die Besitzstrukturen sind, lässt sich anhand des berühmten Weinbergs Clos de Vougeot ermessen, der bei einer Größe von 50 ha mindestens 77 Eigentümer hat. Es erübrigt sich fast, auf die schier endlose Vielzahl von Weinen unterschiedlichster Qualität hinzuweisen, die von ein und demselbem Rebhang stammen.

Ende des 19. Jahrhunderts wütete in den burgundischen Weinbergen die Reblaus, die ganz Europa heimsuchte. Im Ersten Weltkrieg blieb die Region zwar von ernsthaften

BURGUND UND SEINE WEINE

Schäden verschont, doch im Zweiten Weltkrieg kam sie unter deutsche Besatzung. Ende 1944 und Anfang 1945 war besonders die Côte de Beaune Schauplatz einiger kleiner, doch verheerender Kämpfe zwischen den Alliierten und Hitlers zurückweichenden Soldaten. Aus den letzten Kriegsjahren ist eine Anekdote überliefert: Dem Vernehmen nach schob ein französischer Kommandant seinen Angriff auf die Deutschen allein aus Angst um die besten Premier-cru- und Grand-cru-Lagen von Chassagne-Montrachet, Puligny-Montrachet und Meursault auf. Als er schließlich erfuhr, dass der Feind die unteren Hänge besetzt hielt, die keinen Cru-Status hatten, befahl er umgehend den Angriff auf die gegnerischen Stellungen.

Burgund hat also eine bewegte Geschichte. Die Bilder von Andy Katz erinnern mich an sie. Und ich frage mich: Ist die Natur zeitlos? Die Rebsorten und Menschen mögen sich im Lauf der Jahrhunderte geändert haben, aber der Boden und die Anbaumethoden sind dieselben geblieben. Die Mauern um die Weinberge mögen vielleicht 500 Jahre alt sein, doch die Steine, aus denen man sie aufgeschichtet hat, erinnern sich noch an Saurier und andere Kreaturen, von denen wir nur eine vage Vorstellung haben. Der schattige Winkel, in dem sich eine Eiche über die Mauer beugt, lädt ein zu verweilen, ein Glas Beaujolais zu trinken und über all das nachzudenken. Genießen Sie die unvergleichlichen Fotografien – sie haben mich eine Landschaft mit neuen Augen sehen lassen, die ich kenne und liebe.

EINFÜHRUNG

KAPITEL EINS

WARUM BURGUND?

Seit 2000 Jahren geniesst die Côte d'Or höchstes Ansehen als Wiege einiger der feinsten Weine der Erde. Sie sind das exquisite Veredelungsprodukt zweier Hauptrebsorten: der geschmeidigen Chardonnay und der launischen Pinot noir. Die Qualität der burgundischen Kreszenzen erklärt sich zum Teil aus der einzigartigen Geographie und Geologie des Anbaugebiets mit seinen Osthängen, zum Teil aber auch aus den geduldigen Bemühungen engagierter Winzer über die Jahrhunderte hinweg. Die Kunde von den grossartigen Burgundern konnte in alle Welt getragen werden, weil das Herzogtum am Kreuzungspunkt der wichtigen westeuropäischen Handelsstrassen lag. Im 14. und 15. Jahrhundert war Burgund sogar ein unabhängiger Staat – und noch lange Zeit darüber hinaus ein Zentrum der Ordenswelt. Die Rebhänge gehörten den Klöstern, die nicht nur die Qualität des Weins gewährleisteten, sondern auch für seine Verbreitung in der gesamten christlichen Welt sorgten.

Bis Mitte des 19. Jahrhunderts war Burgund das einzige nicht an einem schiffbaren Gewässer liegende Weinbaugebiet, dessen Erzeugnisse man weit über seine Grenzen hinaus schätzte. Vor Anbruch des Bahnzeitalters ließen sich Weine und andere alkoholische Getränke nur auf dem Wasserweg wirtschaftlich sinnvoll transportieren. Die Saône war oft meilenweit entfernt und taugte überdies nicht sonderlich als Verkehrsverbindung nach Paris und in die Niederlande, den Hauptabsatzmärkten für gute Tropfen. Die burgundischen Weine mussten also etwas Besonderes sein, sonst hätte sich der enorme Aufwand und das beträchtliche Risiko eines Transports über Land nicht gelohnt.

Die Liste der Liebhaber guter Burgunder liest sich wie ein Who's Who der französischen Geschichte. Ludwig XIV. blieb ihnen fast sein ganzes langes Leben zugetan. Napoleon – nicht gerade ein Connaisseur – ließ sich Chambertin mit viel Wasser verdünnt schmecken. Und auch General de Gaulle schätzte einen guten Tropfen Burgunder, wenngleich nach Ansicht seiner Frau Yvonne etwas zu sehr. Sie wachte mit Argusaugen darüber, dass er nicht zu viel davon konsumierte. Nach seinem gescheiterten Referendum, das 1969 zu seiner Abdankung führte, gestand sie ihm allerdings eine Flasche zu. «Sie dürfen mich nicht unterkriegen», meinte der 79-jährige Staatsmann, «hol mir eine Flasche von Méos Wein», einen 1964er Clos de Vougeot.

Angesichts der illustren Schar von Burgunderfreunden überrascht es nicht, dass im Lauf der Jahrhunderte unzählige Loblieder auf die edlen Essenzen aus der Region gesungen wurden. Eines der denkwürdigsten stammt von Cyrus Redding, dem ultrakritischen viktorianischen Weinhändler und Schriftsteller. «Burgunder», schrieb er, «ist vermutlich der vollendetste unter allen bekannten Tropfen, denn er verfügt über die Qualitäten, die unerlässlich für die Aufnahme in den Weinolymp sind. Sein Geschmack ist köstlich und das Bukett exquisit. Die ihm eigene überragende Delikatheit berechtigt dazu, ihm unter allen Roten die höchste Wertschätzung entgegenzubringen. Er bekundet eine feine Farbe, reichlich Rasse, guten Körper, große Finesse, ein

---

Weinfest in Joigny, Anfang des 19. Jahrhunderts, festgehalten von einem unbekannten Künstler: Auf dem Wagen steht Bacchus, umringt von Dorfmädchen. Interessant auch die damaligen Weinflaschen.

Die Jungfrau Maria an einer der unzähligen gotischen Kirchen Burgunds, hier in St-Romain in den Hautes Côtes.

sehr ansprechendes Bukett mit kräftigen Aromen und jenen eigentümlichen Geschmack, der ihn so bemerkenswert von allen anderen Weinen Frankreichs unterscheidet.» Einer solchen Huldigung bleibt nichts hinzuzufügen.

Trotz seines hohen Renommees aber ist Burgund ein sehr kleiner Weinbaubereich. Sein Anteil an der weltweiten Rebfläche liegt bei verschwindend geringen 0,25 Prozent. Und zu den als Appellation d'Origine Contrôlée (siehe S. 49) ausgewiesenen französischen Anbaugebieten steuert er ganze sechs Prozent bei. Doch es kommt noch besser: Die 32 Grands crus an der Côte d'Or zwischen Dijon und Chagny, die eigentlich die Reputation der Region begründet haben, machen gerade einmal ein Prozent der Gesamtproduktion von Burgund aus. Und selbst die Premiers crus, die den «großen Gewächsen» kaum nachstehen, haben einen Anteil von nur wenig mehr als zehn Prozent (siehe Kasten nächste Seite). Die 53 Dörfer, die ihren Namen auf dem Etikett nennen dürfen, sind für ein weiteres Viertel verantwortlich. Das Gros der Weine kommt also unter der Herkunftsbezeichnung «Burgund» in den Handel, die zwar ein Adelsprädikat sein sollte, es aber leider nicht ist. Die Rangordnung unter den einzelnen Erzeugern ist noch weitaus komplizierter als etwa in Bordeaux. Der Ruhm eines Weins gründet sich in Burgund auf das *terroir*, jene eigentümliche französische Mischung aus Oberboden, Unterboden und Klima. Es ist also für eine «minderwertigere» Appellation wie Pernand-Vergelesses praktisch unmöglich, das Renommee und damit auch die Preise der angeseheneren Nachbarn zu erlangen.

Am Anfang war – geologisch gesehen – der Jura. Er ist gewissermaßen der Schlüssel zur Entstehung großer Weine in Burgund. Einst bedeckte ein seichtes Meer die Region. Vor 150 Millionen Jahren wurden die darin lebenden Schalentiere zu Fossilien. Und als sich vor 30 Millionen Jahren das Meer zurückzog und im Tertiär die Alpen und Pyrenäen entstanden, trat in Burgund eine rohe, unfruchtbare Landschaft aus Kalkfelsen zutage. Über die Jahrhunderte hinweg haben die Menschen unzählige Steine aus den Weinbergen geholt. Daran hat sich bis heute nichts geändert. Vor ein paar Jahren beobachtete ich, wie ein riesiger Bulldozer im nördlichen Teil des Clos de Vougeot mindestens einen Meter Erde abtrug und mächtige Felsblöcke ausgrub. Man kann die im Lauf der Generationen aus der Erde geholten Steine noch sehen: Sie wurden entweder aufgehäuft oder zu mehr oder weniger liebevoll gepflegten Trockenmauern aufgeschich-

---

GRANDS CRUS, PREMIERS CRUS UND SO WEITER

Alle Anbaugebiete haben ihre Weinhierarchie, und Burgund bildet keine Ausnahme. Die Grands crus erkennt man auf den Etiketten einzig und allein an der Angabe des *lieu-dit*, der Lage, denn man geht davon aus, dass jeder weiß, wo sie sich befindet. Mehrere Dörfer fügten ihrem Namen einst die Bezeichnung ihrer berühmtesten Lage hinzu, etwa Gevrey-Chambertin oder Vosne-Romanée. Die nächsten in der Hierarchie, die Premiers crus, warten schon mit mehr Information auf: Sie nennen das Dorf und den Weinberg. Dahinter rangieren die *Villages*-Weine der Gemeindeappellationen. Auf der einfachsten, untersten Stufe steht der viel geschmähte Bourgogne Grand Ordinaire.

tet. Die Eingänge zu den von diesen Mauern umgrenzten Weinbergen werden von geschwungenen Stürzen überspannt. Sie bilden die Portale zu den vielen Altären in der großen Weinkathedrale Burgund.

Eigentlich ist Burgund kein kompliziertes Weinbaugebiet. Auf den Landkarten erkennt man ein Band aus Weinbergen an den Hängen der Côte d'Or. Die Stöcke stehen auf einem schmalen, knapp einen Kilometer breiten Streifen. Sie werden kaum je unterhalb, östlich der Route Nationale 74, gepflanzt, die in Richtung Süden nach Dijon führt. Nur jenseits der Straße gegenüber den Rebhängen begegnet man den für das ländliche Frankreich typischen, üppig bewachsenen Feldern. Das flache Land dort wurde nur in Zeiten großen Wohlstands von Reben erobert, also vor allem während des 19. Jahrhunderts. Die «Nationale» führt eine alte Route entlang, auf der sich die Menschen schon seit 2000 Jahren fortbewegen. Sie ist noch heute so beliebt, dass man parallel zur Nationalstraße noch eine Autobahn und eine Eisenbahnlinie gebaut hat. Sieht man von einem seit 1000 Jahren berühmten Weinberg aus den französischen Hochgeschwindigkeitszug TGV vorbeibrausen, wird einem der zeitlose Stellenwert Burgunds und seiner Kultur bewusst. Die Region lag im Kreuzungspunkt der Handelsrouten, die vor der Ankunft der Eisenbahn für die Erschließung und Besiedelung der Landstriche von unschätzbar großer Bedeutung waren.

Geographisch lässt sich die Côte d'Or als eine Folge steiniger Hänge zwischen dem Tal der Saône und der burgundischen Schichtstufe beschreiben. Sie sind Teil einer Kette, die sich von der Elbe in Norddeutschland bis zur Dordogne und ins Languedoc hinunterzieht. An der Côte d'Or allerdings zerreißt dieses Band: Nördlich von Dijon bleiben die Hänge niedrig und fallen sanft ab; südlich der Stadt werden sie steiler und bekommen die überaus wichtige östliche Ausrichtung direkt zur Morgensonne hin.

Wie so oft bei guten Weinberglagen ist der Boden zu karg für andere Ackerfrüchte. Geeignete Bedingungen finden hier lediglich Wacholder, verkrüppelte Eichen und der wilde Knoblauch, der immer wieder zwischen den Rebstöcken

---

Ein Portal in Meursault, der typische Eingang zu einem Weinberg erster Güte. Er gehört der Familie Jacques Prieur, deren Wein mittlerweile sehr gut von Antonin Rodet bereitet wird.

WARUM BURGUND?

sprießt (warum hat sich eigentlich noch kein burgundischer Starkoch dieser köstlichen Pflanze angenommen?). Oberhalb der Anbauflächen stehen Wälder. Als Windfang haben sie für die Reben große Bedeutung. Allerdings werden sie zunehmend abgeholzt, was sich auf das Mikroklima verheerend auswirkt. Das Wetter ist ausgeprägt kontinental, weshalb die Region regelmäßig von den härtesten Wintern und stürmischsten Sommern in ganz Frankreich gebeutelt wird. Dafür kommen die Reben in einem der nördlichsten aller bedeutenden Weinbaugebiete der Erde aber auch in den Genuss enorm langer, oft sonniger Sommertage. Der Grund dafür liegt auf der Hand: Die Rebhänge sind oberhalb der tonigen Talböden angelegt, aber wiederum nicht so hoch, als dass sie den kalten Winden ausgesetzt wären, die über die Gipfel fegen. Entsprechend findet man die besten Lagen in der Hangmitte – sozusagen als Fleisch zwischen zwei Scheiben Brot.

Neben der Geographie prägen zwei Rebsorten die Weinlandschaft Burgund: die mittlerweile zur Weltbürgerin avan-

---

Grauer Wintertag an einer für Frankreich und insbesondere Burgund typischen Landstraße.

BURGUND UND SEINE WEINE

Wälder wie diese schützen die Reben vor kalten, nassen Winden, die über die Hochlagen der Côte d'Or fegen.

cierte Chardonnay und die überaus feine, aber auch gnadenloseste unter den roten Trauben, die Pinot noir. Seltsamerweise gibt es in Burgund viele Flecken, auf denen sich beide gleichermaßen wohl fühlen. Früher siedelte man die Chardonnay sogar an so unpassenden Orten wie Chambertin und Clos de Vougeot an, und noch heute erstreckt sich direkt neben dem berühmten ummauerten *clos* ein mit Chardonnay bestockter Weinberg. Der Anteil von Weiß und Rot an den Hängen hinter Beaune ändert sich nach wie vor ständig.

Es ist bezeichnend für die exzentrischste aller Weinbauregionen, dass sie von der launischen, kapriziösen Pinot noir beherrscht wird. Die Pinot noir erbringt nur geringe Erträge. Sie ist anfällig für alle möglichen Krankheiten, schmollt gern und will manchmal überhaupt nicht ausreifen – in Burgund sogar noch öfter als anderswo. Und wenn, dann nicht durch plötzliche Hitzeschübe wie in wärmeren Klimazonen, sondern während einer von den langen Sommertagen begünstigten sanften Entwicklung am Stock.

WARUM BURGUND?

Die Dominanz der Pinot noir ist nicht neu: Schon 1395 erließ der Herzog von Burgund ein Dekret, wonach die minderwertige Gamay durch die Pinot zu ersetzen sei. Angesichts der Qualität – und, um ehrlich zu sein, auch der Preise – von Burgundern ist die Bereitung eines gleichwertigen Pinot-noir-Erzeugnisses für Weinmacher rund um den Globus eine Art Suche nach dem heiligen Gral geworden.

Das Problem für Nichtburgunder: Der Gral nimmt vielerlei Formen an. Er kann fast fliederfarben blass erscheinen, aber auch einen weitaus kräftigeren Ton von altem Sattelleder annehmen. Die Aromen und Geschmacksnuancen von Weinen selbst aus benachbarten Gemeinden wie Volnay und Pommard reichen von relativ fest, ja, fast schon streng und tanninschwer, bis hin zu unübertrefflich weich, aromatisch und samtig. Für mich ist das Ideal ein Wein, der an Sauerkirsche erinnert und Frucht und Säure so vollendet austariert, wie man es auf dieser Welt nicht ein zweites Mal findet ...

Das Bild wurde von einem Image getrübt, das Burgunder als einen relativ robusten Tropfen zeigte. Verantwortlich dafür war der Zustrom von Wein aus dem Rhône-Tal. Auf die Frage «Welches sind die größten Keller in Burgund?» pflegten Kenner früher zu antworten: «Die Verschiebebahnhöfe von Beaune». Denn dort wurde Wein von der Rhône – oder sogar aus Algerien – gelagert, anschließend abgefüllt und als burgundisches Erzeugnis auf Reisen geschickt. 1973 räumte die Europäische Gemeinschaft mit derlei Praktiken auf; vor allem im Ausland durften solche Machwerke nicht länger als Burgunder in Umlauf gelangen. Und wie sieht es heute aus? Viel zu viele burgundische Winzer begnügen sich offensichtlich damit, einen Trunk zu keltern, der geradlinig, fruchtig und süffig daherkommt – und rund um den Globus nur allzu leicht kopiert werden kann.

Dasselbe gilt für die seelenlosen Tropfen aus der verlässlichen Chardonnay. Aus ihr lassen sich fast ausnahmslos trinkbare Weine bereiten, weshalb sie für viele zum Synonym für harmlose trockene Weiße geworden ist. Gleichwohl findet man heute in Burgund weitaus weniger Chardonnay als in Australien und nicht einmal ein Drittel der in Kalifornien mit dieser Rebe bestockten Fläche. Ihr Name wurde erst im 19. Jahrhundert gebräuchlich. Zuvor hatte sie unter ihren alten Bezeichnungen Norien blanc und Pinot blanc

BURGUND UND SEINE WEINE

bereits jahrhundertelang in Burgund das Regiment geführt. Der Namensbestandteil «Pinot» deutet unmissverständlich auf eine enge verwandtschaftliche Beziehung zur Pinot noir hin. Und in der Tat ist nach Ansicht mancher Fachleute die Chardonnay ein Abkömmling der zwei ursprünglich im Nordosten Frankreichs beheimateten Sorten Pinot noir und Gouais blanc.

Die größten weißen Burgunder werden zwar aus derselben Traube bereitet, dennoch lassen sich zwei Stile unterscheiden (sogar drei, wenn man die Chablis-Erzeugnisse mit ihrer stahligen Frucht dazurechnet): zum einen die üppigen, vollen Weine aus Corton und zum anderen die zartaromatischen Tropfen, die in Meursault und den beiden Montrachet-Gemeinden südlich von Beaune das Licht der Welt erblicken. Um ihnen ihre Aromanuancen zu entlocken, müssen sie alle in Holz vergoren werden.

Im Schatten der beiden «edlen» Trauben Pinot noir und Chardonnay führen zwei weitere Rebsorten ein eher unbehagliches Dasein: die weiße, über fast ganz Burgund verstreute Aligoté sowie die so gut wie ausschließlich in Beaujolais kultivierte Gamay. Beide können faszinierende Ergebnisse erbringen, leiden jedoch schwer unter dem Renommee ihrer bekannteren Konkurrentinnen. Daneben hält sich eine Reihe weiterer, noch unbedeutenderer Sorten, deren Anteil aber – zumindest in Burgund – im Schwinden begriffen ist. Dazu gehören die Melon de Bourgogne, aus der man Muscadet bereitet, die Sacy, die einst den Grundwein für Champagner lieferte, und die César, die aufgrund ihres Namens von der gnadenlosen burgundischen Propagandamaschine mit der römischen Besatzung in Verbindung gebracht wurde. Völlig in Vergessenheit geraten sind Rebsorten wie die Pinot droit, die durchaus vornehme Weine liefern konnte. Höchstens eine Hand voll Erzeuger in Randgemeinden hingegen weinen Hybriden wie der Noah nach. Die berüchtigte Traube wurde nach dem Krieg weithin gepflanzt, als Wein knapp war und man auf der Suche nach Quantität die Qualität völlig außer Acht ließ.

Rechts: *Zwischen den Zeilen bleibt nur wenig Platz. Die daraus entstehende Belastung für die Reben verbessert bei den Weinen die Geschmackskonzentration.* Ganz rechts: *Mit der Lese beginnt man in Burgund oft erst, wenn sich bereits das Laub färbt.*

BURGUND UND SEINE WEINE

WARUM BURGUND?

Zur Geologie, Geographie und den Rebsorten kommt eine 2000-jährige Geschichte hinzu. Die allererste Beschreibung von Weinen der Region stammt von Eumenius, einem vornehmen römischen Bürger aus Autun. Allerdings versuchte er wohl den Steuereintreiber milde zu stimmen und ließ daher kein gutes Haar an den Weinbergen. Das Alter und der schlechte Zustand der Rebstöcke, so Eumenius, stünden in keinem Verhältnis zum Ruhm der Weine. Rom gab der Region auf ihrem Weg in die Zukunft nicht nur Weinberge mit, sondern auch das Selbstbewusstsein, ein wesentlicher Bestandteil der westeuropäischen Kultur zu sein, was natürlich den Wein mit einschloss.

Den größten Aufschwung erlebte der örtliche Weinbau jedoch im frühen Mittelalter. Den Anstoß dazu gab die Kirche – jedoch nicht so sehr die weltliche Geistlichkeit, sondern die großen Ordensgemeinschaften, allen voran das Kloster von Cluny. Cluny gehörte vom 11. bis 13. Jahrhundert zu den mächtigsten religiösen Zentren der gesamten westlichen Christenheit. Natürlich aber war Cluny nicht der einzige Ordensstützpunkt: Klöster wie St-Denis und St-Vivant, von den Gemeinden Morey und Romanée zu Namensbestandteilen erkoren, legen Zeugnis ab vom Wirken der Mönche, die Weinberge bestellten und deren Früchte zu schätzen wussten.

Cluny ist heute zum Symbol für die Blüte der Kirchenarchitektur geworden, die mit den großen gotischen Kathedralen ihren Höhepunkt erreichte. Die Bedeutung von Cluny für die sakrale Baukunst und Wein in einem Atemzug zu nennen mag blasphemisch erscheinen; trotzdem profitierten vom hohen Ansehen der Benediktinermönche in Europa auch die Rebensäfte der einstigen Burgunder. Den einzigen groß angelegten Weinhandel betrieb zur damaligen Zeit noch Bordeaux, das Unmengen seiner Erzeugnisse nach Britannien verschiffte. Doch es gab einen wesentlichen Unterschied: Während die von den Engländern konsumierten *clairets* dünne, anonyme Wässerchen waren, die sich innerhalb weniger Monate in Essig verwandelten, verfügten die Burgunder über unzählige gesegnete Lagen, die Weine nicht nur in rauen Mengen, sondern auch in einmaliger Qualität

Die Abtei von St-Philibert, ein eindrucksvolles Bauwerk aus dem 10. Jahrhundert. Es steht in Tournus, wie viele Städte Burgunds ein ehemaliges Klosterzentrum.

lieferten. Damals wie heute gründete sich ihr Ruhm auf eine bestechende Mischung aus Eleganz, Frucht und Säure. Sie wurde zu einer Vollendung gebracht, die man nirgendwo sonst auf der Erde mit der Pinot-noir-Traube und überhaupt irgendeiner anderen Rebsorte je erlangt hat und die zu erreichen sogar den Burgundern selbst schwer genug fällt. Natürlich trug auch die Lage an einer Haupthandelsroute das ihre zum Ansehen der Weine bei; wäre sie nicht so günstig gewesen, hätten die Weine vielleicht nie diesen Bekanntheitsgrad erreicht.

Während der Französischen Revolution wurden die Ordensleute verjagt und ihre Besitztümer beschlagnahmt. Die Mönche hinterließen allerdings noch ein nicht greifbares, aber ebenso bedeutendes Vermächtnis: eine einzigartige PR-Maschinerie, die nicht nur an den Tafeln der Äbte funktioniert hatte, wo vornehmer Besuch mit den feinsten Kreszenzen der Region bewirtet worden war, sondern auch über zahlreiche «Zweigniederlassungen» den Ruhm in der gesamten christlichen Welt verbreitet hatte. Mittlerweile waren der französische Adel und zahlreiche, vor allem aus Beaune stammende Händler in das Weingeschäft eingestiegen, und für einundhalb Jahrhunderte stellten sie die Weichen – bisweilen nicht immer zum Vorteil der Weine.

Beendet wurde ihre Vorherrschaft teilweise durch die Reblaus. Zahlreiche Weinberge wechselten den Besitzer und gelangten dadurch in die Hände der Vorfahren heutiger Winzer. Nach dem Zweiten Weltkrieg begannen viele Weinbauern ihre Erzeugnisse selbst zu verkaufen, statt sie zu den Händlern zu schaffen, wo sie verschnitten wurden. Den Anstoß dazu gaben ausländische Käufer, die anfangs meist aus den Vereinigten Staaten stammten. Die Phylloxera-Invasion aber hatte auch tief greifende Änderungen bei den Anbaupraktiken zur Folge. Waren die Stöcke zuvor *en foule*, also ganz dicht aneinander, gepflanzt worden, so platzierte man die nunmehr auf Veredelungsunterlagen gepfropften Pflanzen in Reihen, sodass man mit Pferdefuhrwerken dazwischen durchfahren konnte. Mit dem Setzen neuer Stöcke ging die jahrtausendealte Praxis des Vergrubens zu Ende. Bei dieser Art des Absenkens hatte man einfach Triebe bestehender Reben nach unten gebogen und teilweise eingegraben, bis sie Wurzeln schlugen. Da nun auch ältere Stöcke fehlten, verkürzte sich obendrein die Zeit bis zur Trinkreife der Weine.

WARUM BURGUND?

Als ob die unendliche Vielfalt der *terroirs* in Burgund nicht schon unüberschaubar genug gewesen wäre, sorgte das napoleonische Erbrecht für zusätzliche Komplikationen. Es gestand jedem Familienmitglied einen gleichen Anteil an der Hinterlassenschaft der Eltern zu – immer kleinere Parzellen waren die Folge. So beträgt die durchschnittliche Weinberggröße nur etwas mehr als einen Hektar. Die gesamte Côte d'Or ähnelt einem Palast mit Hunderten von Labyrinthen, einem unendlichen Wirrwar innerhalb einer scheinbaren Ordnung, einer vieldimensionalen Karte, die nicht nur die winzigen, doch entscheidenden Oberböden, Unterböden und Ausrichtungen eines Weinbergfleckens, ja, zum Teil schon einer einzigen Rebzeile, berücksichtigen muss, sondern auch noch die zahllosen Verzweigungen in den Familienstammbäumen im Lauf der Generationen. Cyrus Redding wies auf die enorme Bedeutung des *terroir* mit seinen geologischen und klimatischen Zügen hin, das neben zwei oder drei weiteren wichtigen Faktoren den

Burgundern einen unverwechselbaren Charakter verleiht. «Die köstlichste Kreszenz reift bisweilen auf einem einzigen winzigen Fleck inmitten eines Rebhangs heran, der ansonsten nur Weine von gewöhnlicher Qualität liefert», berichtete er. An anderer Stelle wiederum ist der Ertrag eines Weinbergs verglichen mit seiner Fläche unglaublich gering, doch entstehen daraus exquisite Tropfen. Gleichzeitig kann selbst der erfahrenste Weinbauer keinerlei merkliche Unterschiede im Boden, in der Ausrichtung, der Rebenkultur und der gepflanzten Sorten feststellen.

Der burgundische Rebhang ist also zwangsläufig anders. Zwar gibt es wie andernorts in Frankreich den *lieu-dit*, den nach dem traditionellen Flurnamen benannten Weinberg. Doch kennt man in Burgund darüber hinaus auch noch den *climat*. Simon Loftus definierte ihn treffend als «einen Weinberg, dessen topographische Gegebenheiten dem Wein

---

Erste Boten des Herbsts, bevor die Blätter sich tiefrot und braun färben.

WARUM BURGUND?

seinen individuellen Charakter verleihen; ein *climat* kann also mehrere *lieux-dits* umfassen.» Die Premiers crus in Puligny-Montrachet etwa umfassen 24 *lieux-dits*, die wiederum 14 *climats* bilden. Die Namen, die Besonderheiten spiegeln das jahrhundertelange Bemühen der Menschen wider, die Unterschiede zwischen zwei winzigen, nur durch einen schmalen Weg, einen Graben, eine Mauer voneinander getrennten Flecken mit Rebstöcken darauf hervorzuheben.

Die Zersplitterung kommt auch in den örtlichen Flächenmaßen zum Tragen. Es gibt die *ouvrée*, das Zwanzigstel eines Hektars. Überall im ländlichen Frankreich kennt man die *journée*, die ein Drittel eines Hektars umfasst. Sie entspricht dem deutschen Tagwerk, der Fläche, die man vor der Einführung von Traktoren an einem Tag *(jour)* bearbeiten konnte. Noch komplizierter wird das Ganze dadurch, dass viele Familien sich nicht damit begnügten, einen bestimmten Grund zu bearbeiten – sie brauchten darüber hinaus noch ein paar Rebzeilen in allen möglichen Appellationen. Ein Einzelbesitz kann sich also aus einem geschlossenen Hektar Land und einer kilometerweit entfernten *ouvrée* zusammensetzen. In vielen Fällen greifen die Grundeigentümer – oder auch die Händler, die immer häufiger Lesegut von fremden Rebstöcken verarbeiten – auf zwei Möglichkeiten der Weinbergnutzung zurück: die *métayage* oder Teilpacht, bei der ein Weinbauer die Früchte seiner Arbeit zur Hälfte (oder auch zu einem geringeren Anteil) für sich beansprucht, oder die *fermage*, bei der ein Weinberg vollständig verpachtet wird.

In den letzten zehn Jahren ging es mit der durchschnittlichen Qualität der Weine aufwärts. Das ist zum einen einer neuen Generation gut ausgebildeter Winzer zu verdanken und zum anderen dem zunehmenden Stellenwert der Önologen, die vor gar nicht allzu langer Zeit in Burgund noch eine untergeordnete Bedeutung hatten. Für einen weiteren Qualitätsschub zeichnete ein libanesischer Kellermeister namens Guy Accad verantwortlich, der ein kurzes Gastspiel in der Region gab. Er war maßgeblich an der Einführung einer umweltschonenderen Weinbergpflege beteiligt. Eine ganze Reihe von Winzern folgte seinem Beispiel und stieg

---

Lässt man zwischen den Rebzeilen Gras und anderen Bewuchs einfach sprießen, speichert der Boden im Sommer die Feuchtigkeit besser.

auf biodynamischen Weinbau um. Accad entfernte den chemischen Schleier, der das wahre Gesicht des Pinot noir verhüllt hatte, und bezeichnete sich deshalb gern als Reaktionär. Nach genauen Untersuchungen führte er die besten Anbaupraktiken der Vergangenheit wieder ein, etwa indem er den Kaliumgehalt im Boden reduzierte, was die Säurekonzentration in den Trauben erhöhte, und so viel Frucht und Tannin wie möglich zu extrahieren versuchte. Der Winzer konzentriert sich praktisch auf den Boden, um reifes, gesundes Lesegut zu erhalten, das die einzige Basis für feine Weine ist. Dieser Grundsatz wurde nach dem Krieg etwas aus den Augen verloren, als man die Technik der Weinbereitung in den Mittelpunkt rückte.

Ein anonymer Beobachter brachte es auf den Punkt: «Mit jedem Wein, der einen jubeln lässt, stößt man auf viele andere, bei denen man nur perplex ins Leere starrt und entsetzt an seiner missbrauchten Geldbörse herumfingert.»

Winter in Volnay: Wie in dieser Lage erstrecken sich die weniger guten Rebflächen meist auf dem flachen Gelände jenseits der Route des vins, *der Weinstraße, die sich durch die Bildmitte zieht.*

INTERMEZZO:
EIN HERZOGTUM UND SEINE HAUPTSTADT

Dijon hatte nie den Stellenwert eines Weinzentrums, spielte aber eine wichtige Rolle als Symbol einer bedeutenden Region und ihrer Weine. Denn die Stadt war die Kapitale des stolzen Herzogtums Burgund, das bis 1477 seine Unabhängigkeit bewahrte. Der Reichtum und kulturelle Führungsanspruch Burgunds trat in ganz Dijon sichtbar zutage, manifestierte sich jedoch vor allem im Herzogspalast. Die Straßen in seiner Umgebung legen noch heute beredt Zeugnis ab von der einstigen Blütezeit eines bedeutenden Landes.

Burgund lag im Herzen des «Zwischenreichs», das als Puffer zwischen den beiden mächtigsten Dynastien im abendländischen Europa diente: Im Westen regierten die ehrgeizigen französischen Könige, im Osten lag das Heilige Römische Reich. Während des goldenen Zeitalters von Burgund im 15. Jahrhundert erstreckte sich der Einflussbereich der Herzöge von der Schweizer Grenze bis zur Nordsee.

Die Herzöge bestimmten auch das Schicksal der burgundischen Weine, denn bis zum 19. Jahrhundert hing das Ansehen eines Anbaugebiets vom Geschmacksempfinden der Herrschenden ab. Drei damals beliebte Weine sind noch heute berühmt: der «Kaiserliche Tokajer», bevorzugtes Getränk der Habsburger in Wien, die Erzeugnisse vom Gut Vega Sicilia, die am spanischen Hof getrunken wurden, und die Burgunder, für deren Ruf die Herzöge in Dijon sorgten. Da die Essenzen aus Burgund der illustren Konkurrenz in Menge und Vielfalt überlegen waren und das Herzogtum obendrein an den wichtigen nordeuropäischen Handelsrouten lag, verbreitete sich ihr Ruhm stärker.

Weitere Vorteile brachte der Siegeszug des Schienenverkehrs. Für Weine aus Binnenregionen wie Burgund war die Eisenbahn ein optimales Transportmittel. Die Burgunder waren gleich doppelt vom Glück begünstigt: Einerseits hatte der Rebensaft den Segen der Mönche, andererseits begründeten die Herzöge mit ihm eine große Tradition. Sie

---

Wasserspeier an der Kirche Notre-Dame in Dijon, einem Meisterwerk gotischer Baukunst.

36

EIN HERZOGTUM UND SEINE HAUPTSTADT

begingen besondere Ereignisse mit einem opulenten Festmahl, bei dem der Wein in Strömen floss – ein Brauch, der bis in unsere Zeit nichts von seiner Popularität verloren hat. Nur spiegeln die Festessen heute nicht mehr die Macht der Herzöge wider, sondern die Qualität der Weine aus ihrem früheren Reich.

Burgund war zwar ein eigenständiges Herzogtum, blieb aber im Grunde immer französisch. In Bibracte im Herzen der Region sammelte Vercingetorix die Stämme Galliens zum Kampf gegen Rom. Er scheiterte, hatte jedoch als Erster französisches Nationalbewusstsein demonstriert und diente damit seinen Nachfolgern von Asterix bis de Gaulle als Vorbild. Aufgrund dieser nationalen Identität betrachtete man in Frankreich die Weine aus Burgund als die eigenen. Dank des Herzogtums und seiner Herrscher galten die Gewächse aus der Region immer als französisches Gut, wurden aber gleichzeitig in den ehemaligen Besitztümern des Herzogtums von jeher geschätzt, weshalb diese bis heute treue Abnehmer geblieben sind.

Burgund im 15. Jahrhundert: Diese Illumination zeigt Karl den Kühnen als zentrale Figur einer Zusammenkunft des Ordens vom Goldenen Vlies. Dem letzten Herzog von Burgund war das Glück nie recht hold; er fiel 1477 in der Schlacht bei Nancy.

KAPITEL ZWEI

DER KÖNIGSWEG NACH ROMANÉE-CONTI

Die meisten grossen Burgunder entstehen an den Hängen zwischen Dijon und Beaune. Von der Domaine de la Romanée-Conti stammen die bei weitem besten. Der Name des Guts geht auf einen Prinzen aus dem 18. Jahrhundert zurück. Ein Romanée-Conti zeichnet sich durch unvergleichliche Eleganz aus. Fast ebenso legendär ist die Lage Clos de Vougeot. Im Gegensatz zur Domaine de la Romanée-Conti allerdings liegt sie nicht nur in einer Hand: Rund 80 Besitzer teilen sich ihre 50 Hektar. Die komplizierten Eigentumsverhältnisse sind auf das französische Erbrecht zurückzuführen und schlagen sich vor allem in einer äusserst ungleichmässigen Weinqualität nieder. Im ehemaligen Kloster hat die Weinbruderschaft Chevaliers du Tastevin ihren Sitz; ihre glanzvollen Bankette sind der beste Beweis dafür, dass die Burgunder zu feiern und sich königlich zu unterhalten verstehen. Das vielleicht bemerkenswerteste Beispiel für das Vermächtnis Burgunds indes ist der Berg Corton, der einst Kaiser Karl dem Grossen gehört haben soll. Noch heute entstehen an seinen Hängen Weissweine von bewundernswerter Kraft und Fülle.

BURGUND UND SEINE WEINE

Dieser blühende Farnwedelsumach steht in auffallendem Kontrast zur grauen Wand dahinter.

Südlich von Dijon erstreckt sich die Côte d'Or. Ihre Weindörfer reihen sich eng gedrängt wie Perlen aneinander – als wollten sie keinesfalls die kostbaren Weinberge in Bedrängnis bringen. Ihre Bewohner sind kauzig, wenn nicht gar unmöglich. Die Rebhänge werden immer wieder von *combes* zerschnitten, kurzen Tälern im Steilabbruch. Ihre felsigen Hänge machen deutlich, welch hartes Muttergestein sich unter der gesamten Côte d'Or hindurchzieht. Die *Route des vins* verläuft parallel zur N74 etwa einen Kilometer weiter östlich in höherer Lage. Jean-François Bazin (siehe S. 144) nannte sie zu Recht die «Champs Elysées von Burgund». Nirgendwo sonst auf der Welt gibt es einen derart schmalen Anbaustreifen mit so vielen nicht nur berühmten, sondern für jeden, der sich auch nur im Entferntesten für Wein interessiert, sogar geheiligten Namen.

Die Côte d'Or wird traditionell in zwei Bereiche unterteilt. Die Côte de Nuits erstreckt sich von Dijon bis zu den

Steinbrüchen von Comblanchien, deren Marmor beim Bau der Pariser Oper und des Flughafens von Orly Verwendung fand, während die Côte de Beaune ein Stückchen weiter südlich davon beginnt und über Beaune nach Chagny verläuft. Trotz der Unterteilung unterscheiden sich die Weine beider Bereiche nicht. So haben die Erzeugnisse von Gevrey-Chambertin an der Côte de Nuits zum Beispiel mehr mit denen aus Pommard an der Côte de Beaune gemein als mit den Tropfen aus der unmittelbaren Nachbarschaft in Vosne-Romanée. Einen wirtschaftlichen Unterschied allerdings gibt es sehr wohl: Im Süden waren die Weinberge im Besitz oder zumindest unter der Kontrolle von Händlern von Beaune; im Norden dagegen herrschten Betriebe in Winzerhand vor, da die Kaufleute von Dijon, der nächstgelegenen Großstadt, mit Wein nicht viel am Hut hatten.

Bazin nennt seinen Geburtsort Gevrey-Chambertin die Ouvertüre zur «Grande Route», wobei er allerdings Marsannay und Chenôve außer Acht lässt, die näher bei Dijon liegen. Ich möchte, um bei einem ähnlich musikalischen Vergleich zu bleiben, die Weine der Gemeinde eher mit einer Sinfonie von Beethoven vergleichen: kraftvoll, komplex

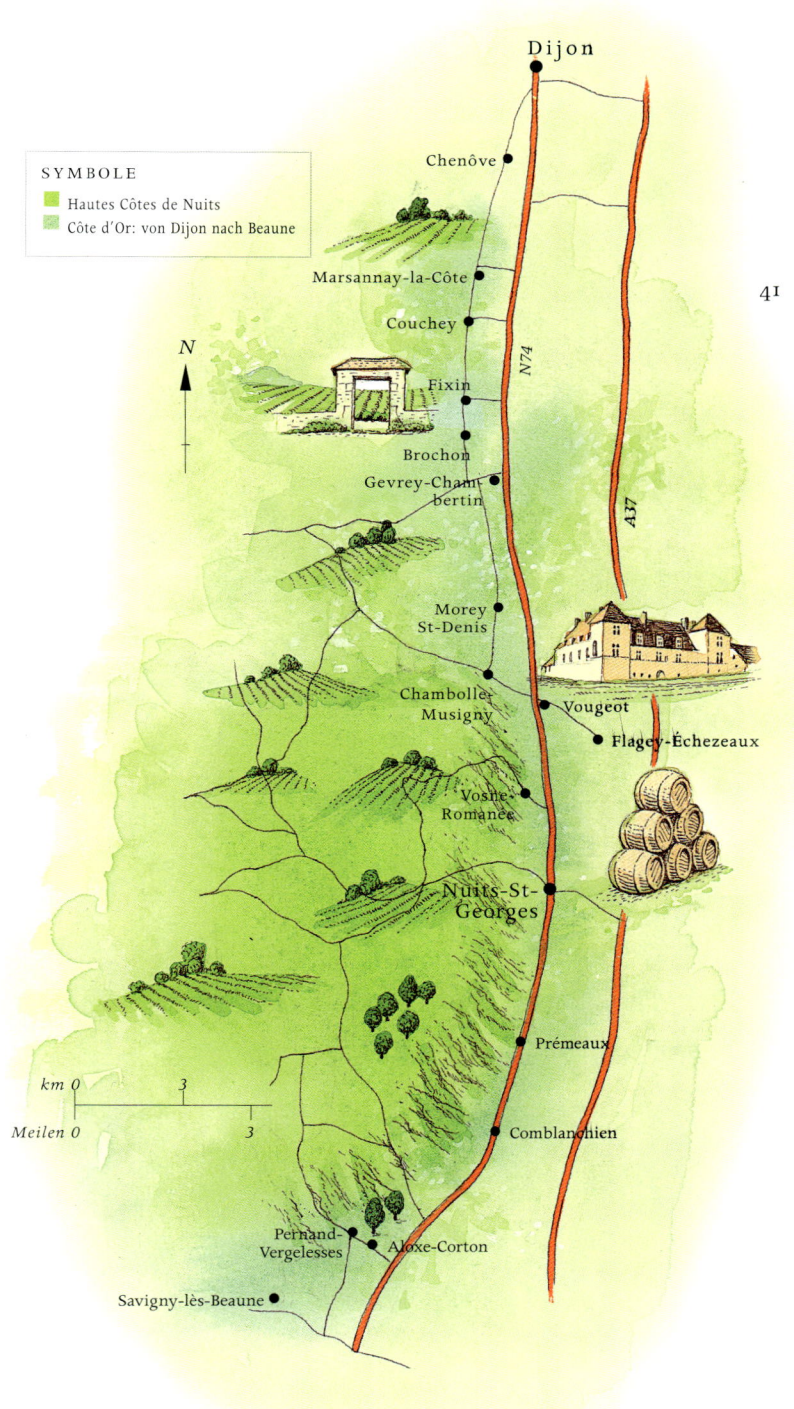

– und vor allem unendlich facettenreich. Denn obwohl entlang der gesamten Côte d'Or die konkaven Hänge gleichsam eine Parabolschüssel bilden, die die Sommersonne konzentriert, lässt sich die grenzenlose Vielfalt der Weine innerhalb einer einzigen Gemeinde doch nur bedingt mit geologischen Gegebenheiten begründen. Zu diesem Schluss kommt auch André Védel: «Die Bodenkunde hat keine Erklärung für die Unterschiede zwischen den Weinen von Chambolle und jenen aus Gevrey. Und wir wissen wirklich nichts über die Feinheiten, aufgrund derer sich die Erzeugnisse aus Chambertin von denen aus Latricières oder aus Mazis abheben, reifen sie doch alle auf demselben Untergrund heran.»

Allerdings war Wein aus Gevrey-Chambertin schon immer ein besonderer Saft. Die Äbte von Gevrey nutzten die Burg des Orts als «befestigten Keller» und lagerten ihre Kreszenzen in den Gewölben. Schon früh begann man eine Unterscheidung zwischen den vielen Weinen der Gemeinde zu treffen. Gevrey wird um 640 n. Chr erstmals urkundlich erwähnt. Almagaire, der damalige Herzog von Burgund, stiftete der zehn Jahre zuvor gegründeten Abtei Bèze riesige Ländereien, was mit einem Dokument besiegelt wurde, das sich bis heute erhalten hat. Die Schenkung umfasste dem Dokument zufolge verschiedene Weinberge in der Umgebung von Gevrey, unter anderem auch den Clos de Bèze, der damit der erste namentlich erwähnte Rebhang in der Geschichte der Region ist. Für mich stellt der Clos de Bèze die Quintessenz der gesamten burgundischen Historie dar. Ein Spaziergang durch die Reben gerät zum bewegenden Augenblick, wenn man bedenkt, dass ihre Weine seit 1500 Jahren ein Quell der Inspiration sind.

Doch die Beständigkeit beschränkt sich nicht auf Chambertin allein. Der Clos de Tart im benachbarten Morey-St-Denis ist einer der wenigen Weinberge in der Hand eines einzigen Eigentümers. Er hat seit dem Mittelalter nur dreimal den Besitzer gewechselt. In seinem Keller steht sogar noch eine Kelter aus dem 16. Jahrhundert.

Ganz links: *Spiegel für Autofahrer an einem traditionellen Tor – ein für Burgund charakteristischer Kontrast zwischen Alt und Neu.* Links: *Fensterschmuck à la bourgogne: sauber, ansprechend, jedoch nie aufdringlich.*

Schon im 11. Jahrhundert wusste man die Weine von Bèze zu schätzen. Damals versuchten die Mönche von Langres den Clos zu erwerben. Mit Unterstützung des Papstes blieb er noch einige Generationen im Besitz der Abtei, bis bittere Armut die Ordensbrüder 1219 endgültig zum Verkauf zwang. Der Name des Hangs hingegen, ein Heiligtum in der Welt des Weins, wenn nicht gar der Christenheit, hat sich bis heute erhalten. Und auch der Rebbau zeugt von Kontinuität: Nach wie vor bestellen Weinbauernfamilien die Erde, kultivieren Teilpächter wie eh und je die Reben.

Im 15. und 16. Jahrhundert entstanden weitere weltliche Güter. Jean Moisson etwa, ein gottesfürchtiger Weinhändler aus Dijon, kehrte in sein Heimatdorf Chambolle zurück und ließ dort um 1450 die erste Kirche errichten. 1528 heiratete seine Enkelin einen gewissen Michel Millière und brachte als Mitgift die Weinberge ihrer Familie mit in die Ehe. Das

Malerisches Panorama der Weinlandschaft nahe bei Morey-St-Denis: Trockenmauern, sanft abfallende Hänge und Häuser, welche eng zusammengedrängt stehen, damit sie nicht zu viel wertvolles Land für sich beanspruchen.

Land wurde sieben Generationen hindurch weitergereicht, bis es erneut den Besitzer wechselte und durch Heirat in die Hände von François Melchior de Vogüé gelangte. Selbst heute noch leitet mit Elisabeth, Baronne Bertrand de la Doucette eine Nachfahrin von Moisson die Domaine Comte Georges de Vogüé in Chambolle-Musigny.

Anfang des 17. Jahrhundert hatten es sich viele Klosterbrüder zur Gepflogenheit gemacht, ihre kostbaren Reben den *parlementaires* zu verpachten, wie die Mitglieder des meist vermögenden Rechtsstandes in Frankreich genannt wurden. Zu den illustren *parlementaires* von Dijon gehörten unter anderem Bischof Bossuet, berühmt, weil er für England den Begriff «perfides Albion» prägte, zudem Rameau, Buffon und der Präsident des Parlaments von Dijon, Charles de Brosses. Die gesamte Côte d'Or ist übersät mit ihren schmucken Residenzen, die man zuweilen noch im unbekanntesten Dorf findet. Weinberge zu bewirtschaften war eben damals in besseren Kreisen groß in Mode. Seit etwa 150 Jahren repräsentieren allerdings eher Dynastien wie die Marions den charakteristischen Typus der burgundischen Winzerfamilie. Durch das französische Erbschaftsrecht zerfielen ihre Weinberge in immer kleinere Parzellen, während durch wohlüberlegte Eheschließungen andere Besitzungen hinzukamen.

Viele Winzer suchten zunächst in der Fremde ihr Glück, um später zurückzukehren und ihre Heimat an ihrem Reichtum sowie dem erworbenen Wissen teilhaben zu lassen. Frédéric Lescure etwa wird in Burgund als Besitzer des Clos des Chapitres geschätzt, erlangte in der Ferne jedoch Ruhm als Erfinder des Dampfkochtopfs. Jacques Seysses kam sozusagen mit einem Silberlöffel im Mund zur Welt. Seinem Vater gehörte die Biskuitfabrik Belin und sein Sohn kannte deshalb die meisten großen Pariser Restaurantbesitzer. Nach einer wilden Jugend als Playboy heiratete Seysses eine US-Amerikanerin und ließ sich auf einem Weingut nieder, das er seit nunmehr über einem Vierteljahrhundert führt. Jean Méo aus dem Umkreis von Charles de Gaulle erbte das Gut von Etienne Camuzet, der die Interessen der Côte d'Or von 1902 bis 1932 als Abgeordneter

---

Burgund privat: Diese pittoreske Fassade ist typisch für die Häuser der renommiertesten Winzer an der Côte d'Or.

vertrat. Es erschien mehr als unwahrscheinlich, dass Jeans Sohn Nicholas, ein Absolvent der führenden französischen Wirtschaftsschule, einmal in sein Heimatdorf Vosne-Romanée zurückkehren würde. Doch auch er erlag der Faszination des Weins. Nach einem Önologiestudium an der Universität von Dijon übernahm er vor zehn Jahren das Familiengut.

Für weniger begüterte Winzerfamilien war der Weg aus der Abhängigkeit von den Weinhändlern oftmals beschwerlich. Zunächst brachten sie ihre Trauben zu den immer zahlreicheren Genossenschaften. Die Kooperative in Gevrey etwa wurde 1912 gegründet. Wie viele Zusammenschlüsse ihrer Art erlebte sie ihre Blütezeit zwischen den Weltkriegen, als sie 130 Mitglieder zählte und mehr als die Hälfte des gesamten Leseguts aus der Gemeinde verarbeitete. Mittlerweile gehören ihr nur noch eine Hand voll Güter mit winzigen Parzellen an, worin sich ebenfalls ein aktueller Trend widerspiegelt. Es war oft nicht einfach, das nötige Geld für den Kauf einiger Rebzeilen zusammenzukratzen. Eine alte Frau aus Gevrey erinnert sich: «In den 1950ern merkten wir, dass wir es den Polen nachmachen und Zwiebeln anbauen mussten. Also produzierten wir Jahr für Jahr zwei Tonnen davon. Das war harte Arbeit, aber damit konnten wir uns vier *ouvrées* Anbaufläche kaufen.» Ein gewisser Georges Lignier hatte größere Ziele als sein Vater, ein treuer Gutsarbeiter: «Bei jedem Verkauf erstand ich ein Fleckchen Weinberg. Ich war ganz schön dreist.» Entgegen der Tradition seiner Klasse war er sogar bereit, Kredite aufzunehmen. Manchen Familien war ein Erfolg beschieden, den sie sich in ihren kühnsten Träumen nicht hätten ausmalen können. Die Dugats etwa hofften in den 1930ern, ganze drei *pièces* Trauben (1000 kg) pro Jahr verarbeiten zu können. Heute gehört ihnen ein bedeutendes Gut.

Zwischen den Kriegen gab der französische Staat seinen Weinbauern ein wichtiges Rüstzeug für den Erfolg an die Hand, indem er nach und nach Appellations d'Origine Contrôlée (AOC) auswies. Damit wurde den Erzeugern praktisch ein Exklusivrecht auf ihre Weine verliehen. Niemand konnte nun noch wohlklingende Namen wie «Chablis» oder «Beaune» in betrügerischer Absicht verwenden – zumindest theoretisch nicht. Zu den ehrgeizigeren Weinbauern gehörten auch einige Polen, ehemalige Immigranten, die vor dem Zweiten Weltkrieg aus dem Osten nach Burgund gekommen waren, um in den Minen von Monceau jenseits der Hügel der Côte d'Or Geld zu verdienen. Einer davon war Stanislas Serafin, der Ende der 1930er-Jahre nach Burgund gekommen war und hier eine Landsfrau zum Altar geführt hatte. Nach vierjähriger Kriegsgefangenschaft verdingte er sich zunächst bei anderen Winzern. Heute besitzt er ein für Burgund typisches,

vier Hektar großes Gut, das sein Sohn bewirtschaftet. Drei Viertel der Anbaufläche liegen in der Gemeinde Gevrey, der Rest besteht aus winzigen Besitzungen in einigen größeren Appellationen. Jean Heresztyn traf 1932 in Burgund ein, um in einer Zuckerraffinerie zu arbeiten. Mit unglaublichem Einsatz erwirtschaftete er sich nicht nur eine Domaine, sondern auch einige der schönsten Keller an der Côte de Nuits.

In den letzten Jahrzehnten haben immer mehr Winzer begonnen, ihre Weine direkt zu verkaufen. Ein klassisches Beispiel dafür ist das heute zweigeteilte Gut der Familie Gros in Vosne-Romanée. Der Trend hin zur Erzeugerabfüllung ist für Madame Janine Gros kein Zufall. «Authentizität ist eben *in*», meint die ehemalige Bürgermeisterin des Dorfs. «Eine große Rolle aber haben auch die amerikanischen Käufer und der Bau der Autobahn nach Paris gespielt. Vor 40 Jahren hatten nicht alle Winzer die technischen Möglichkeiten, um das Potenzial ihrer Reben voll auszuschöpfen. Oft bereiteten sie schlechte Weine aus hochwertigem Lesegut. Auch ich hatte kein Selbstvertrauen. Nie hätte ich gedacht, dass ich Abnehmer für meine besten Weine finden würde. Die Händler wiederum konnten ihre Verschnitte billig verkaufen und sich dann auf ihre eigenen Parzellen in den besten Crus konzentrieren … Unser Flaggschiff war der Richebourg. Man braucht zwar seine eigene Marke. Aber der Familienname zählt ebenfalls: Er bürgt für einen gewissen Qualitätsstandard, den man dann auch wahren muss. Deshalb haben wir unseren ganzen 1975er Jahrgang zurückgestuft.»

Der einzige Wein des Guts, der nur schwer Käufer findet, stammt aus der Parzelle im Clos de Vougeot: «Die Qualität des *terroir* dort ist so uneinheitlich. Außerdem gibt es einfach zu viel Clos de Vougeot auf dem Markt.» Womit sie Recht hat. Im Clos, auf den ersten Blick eine homogene Rebfläche, treten die Eigentümlichkeiten der Weinlandschaft an der Côte d'Or beispielhaft zutage. Die Lage lässt

Sturmlandschaft in der Nähe des Clos de Vougeot.

sich grob in drei Bereiche unterteilen: das kiesige obere Drittel um das Château, den mittleren Teil und den unteren Streifen an der Straße. Dieser wird in der Regel recht abfällig beurteilt – zuweilen ungerechtfertigterweise, denn der kiesige Boden ist im Grunde ebenso für den Weinbau geeignet wie die oberen Hänge. Leider ruinierten kürzlich Straßenbauer die Drainage durch Verschlimmbesserungen, die den Wasserabfluss blockierten, statt ihn zu fördern. Trotzdem sind die enormen Qualitätsunterschiede vorwiegend auf die große Zahl von Besitzern zurückzuführen.

Der Name Clos de Vougeot kam im späten 14. Jahrhundert auf und ist damit für burgundische Verhältnisse relativ jung. Bis zur Französischen Revolution stand am Clos ein Kloster der Zisterzienser, eines im frühen 12. Jahrhundert von Bernhard von Clairvaux gegründeten Reformordens der Benediktiner. Mehrere hundert Jahre lang diente es als eine Art önologische Forschungsstation. So erwärmten die Mönche unter anderem den gärenden Most und fügten ihm

Chorey-lès-Beaune: Roter Kamin an einem typischen kleinen Château in Burgund.

Zucker hinzu, lange bevor diese Praxis Anfang des 19. Jahrhunderts durch Jean-Antoine Chaptal größere Verbreitung fand. Später konnten sich die Ordensbrüder allerdings für Wein nicht mehr so recht begeistern. Zwar belief sich die Gesamtrebfläche in Klosterbesitz bei der Enteignung während der Revolution auf über 1300 Hektar, gleichwohl nahm sie nur noch einen Bruchteil der von den Mönchen bewirtschafteten Ländereien ein. So standen Reben lediglich auf einem Hundertstel der landwirtschaftlichen Fläche von 10 000 Hektar, die der Abtei von Cîteaux 1789 gehört hatten.

Nach den Wirren der Französischen Revolution kam der gesamte Clos de Vougeot in den Besitz der Familie Ouvrard (siehe S. 67). 1889 übernahmen ihn sechs Weinhändlerfirmen aus Beaune. Wegen der endlosen Aufteilungen nach dem französischen Erbschaftsrecht stieg die Zahl der einzelnen Parzellen von etwa 15 gegen Ende des 19. Jahrhunderts auf heute über 80. Dementsprechend fehlt dem Wein ein einheitlicher Ausdruck. Aufgrund seiner Robustheit steht er allerdings einem Chambertin näher als den eleganteren Nachbarn Chambolle und Vosne.

Heute wird der Clos de Vougeot immer auch mit den großartigen Festivitäten der Confrérie des Chevaliers du Tastevin in Verbindung gebracht, der wirkungsvollsten Werbemaschinerie in der Welt des Weins. Diese Weinbruderschaft war wie das AOC-System eine Reaktion auf die Wirtschaftskrise der 1930er-Jahre, die sich auf den Handel mit edlen Weinen natürlich besonders verheerend auswirkte. Gegründet wurde der «Orden» von Georges Faiveley, seines Zeichens Geschäftsführer des gleichnamigen Weinhändlerunternehmens, sowie von Camille Rodier, Schriftsteller und Mitglied einer weiteren Familie von *négociants*. Die Confrérie hatte allerlei Einfälle, wie man den Ruhm der Burgunder mehren konnte – etwa mit den «Trois Glorieuses». Bei diesen drei Veranstaltungen, die alljährlich am dritten Wochenende im November stattfinden, handelt es sich um eine Weinauktion in den Hospices de Beaune (siehe S. 72-76), die Paulée de Meursault (siehe S. 85) und ein Festmahl im Château du Clos de Vougeot.

Das Konzept der Confrérie war einfach, aber wirkungsvoll: Man veranstaltet regelmäßig ein rauschendes Bankett, bei dem glückliche Auserwählte – internationale Berühmtheiten oder aber «Missionare», die den Ruhm der Weine aus Burgund in die Welt hinauszutragen vermögen – als Mitglieder der Bruderschaft «willkommen geheißen» werden. Ein weiterer genialer Schachzug war die Gründung eines Ablegers in den USA im Jahr 1939. Sie spiegelte die Abhängigkeit vom amerikanischen Markt wider, der für die Region zusätzliche Bedeutung bekam, als Pioniere wie Frank Shoonmaker, Colonel William Wildman und nach dem Zweiten Weltkrieg auch Alexis Lichine regelmäßig zum Weinkauf nach Burgund reisten. Vor allem Lichine drängte einzelne Güter zur Selbstabfüllung, da er Händler mied. Die Weinbruderschaft hat sich seit ihrer Gründung zu einer außergewöhnlich professionellen Einrichtung gemausert, die Jahr für Jahr ein gutes Dutzend Bankette organisiert. Weinregionen in ganz Frankreich sind ihrem Beispiel gefolgt, doch neben der unverfälschten Atmosphäre der Feste in Burgund verblassen sogar die weit glamouröseren Veranstaltungen in Bordeaux.

Das Weinmekka an der Straße von Dijon nach Beaune ist die Domaine de la Romanée-Conti (DRC). Romanée-Conti kam – untypisch für Burgund – erst 1760 zu Ruhm, als der Prince de Conti das Gut erwarb und seine Weine in die Pariser Gesellschaft einführte. Einer hartnäckig sich haltenden, wenn auch völlig aus der Luft gegriffenen Legende zufolge überbot er beim Kauf sogar Madame de Pompadour, die berühmte Mätresse Ludwigs XV. Der Weinberg von Romanée-Conti dürfte heute wohl das berühmteste und wertvollste Stück Ackerland der Erde sein.

Gesangsdarbietung bei einem Festmahl der Chevaliers du Tastevin. Das Motto der berühmten Weinbruderschaft: «Jamais en vain, toujours en vin». «Die Freude am Wein ist nie vergeblich».

Gleichwohl unterscheidet ihn nichts von der Umgebung – außer einer bescheidenen Mauer zur Begrenzung der Bodenerosion, wie man sie in Burgund tausendfach findet, und einem nicht minder unauffälligen Stein, in den der legendäre Name graviert ist. Das winzige 1,8-Hektar-Fleckchen im Herzen Burgunds liegt inmitten einer illustren Schar kaum weniger vornehmer Rebhänge, die meist ebenfalls der DRC gehören. Die beiden Familien de Villaine und Leroy teilen sich den Besitz der Domaine, der alle sechs Hektar von La Tâche umfasst, ferner einen Großteil von Romanée-St-Vivant, Grands Echezaux und Echezaux sowie zwei Drittel Hektar von Le Montrachet.

Das Gut wird von Aubert de Villaine, einem bescheidenen Hüter des Weinschatzes, mit äußerst geschickter Hand geführt. Er besteht auf der Einhaltung strengster Qualitätsmaßstäbe. So verwendete die Domaine schon früh Förderbänder, um von Fäulnis befallene Trauben auszusortieren. Außerdem trocknet sie ihre Fässer drei volle Jahre unter freiem Himmel. Das Ergebnis sind Kreszenzen von überragender Tiefe und «Weinigkeit» sowie einem einzigartigen Gleichgewicht aus Eleganz, Fülle und Länge.

Einige Kilometer weiter südlich liegt das Städtchen Nuits-St-Georges. Das bedeutende Weinzentrum wurde vor allem für seine *négociants* berühmt. Mit einigen löblichen Ausnahmen wie Faiveley und Labouré-Roi hatten viele von ihnen einige der untypischsten Brühen Burgunds zu verantworten. Doch die unrühmlichen Praktiken der Weinhändler sind nicht der Grund, warum die Gemeinde keine Grand-cru-Lage ihr Eigen nennt, obwohl ihr nach Meinung vieler eine solche adelnde Pretiose durchaus zustünde. Vielmehr war bei der Klassifizierung ein örtlicher Würdenträger der Auffassung, dass die Bildung einer kleinen Elite innerhalb des Orts dem demokratischen Geist der burgundischen Weinlandschaft widerspräche.

Eine letzte Überraschung begegnet einem zwischen Nuits und Beaune: der imposante Berg Corton, über dessen südwärts gerichtete Hänge sich auf 160 Hektar die größte zusammenhängende Grand cru Burgunds erstreckt. Auf dem kalkigen, eisenhaltigen Boden reifen die fleischigsten, charaktervollsten Weißen der Region und auch einige respektable Rote heran. Der Name Corton-Charlemange ist kein burgundischer Marketingtrick, sondern hat tatsächlich historische Wurzeln. Karl der Große, von den Franzosen «Charlemagne» genannt, legte Ende des 8. Jahrhunderts den Grundstock für die heutige Rebfläche. Sein Großvater Karl Martell, Bezwinger der muselmanischen Eroberer, hatte die Kirche im Verdacht, mit den Ungläubigen zu paktieren, und konfiszierte einige ihrer Ländereien in Burgund. Karl der Große gab dem Klerus später viele Besitztümer wieder zurück, darunter den Bereich Aloxe-Corton.

Derlei Begebnisse bieten reichlich Stoff, um die burgundische Werbetrommel zu rühren. Die französischen Überlieferungen werden mit einer Unverfrorenheit ausgebeutet, vor der jede Werbeagentur zurückschrecken würde. Man braucht sich lediglich anzuhören, wie der Berg Corton angeblich zu seinen Weißweinen kam: «Zu Zeiten Karls des Großen waren die Hänge nur mit roten Rebsorten bepflanzt. Jedes Mal, wenn der Kaiser davon trank, bekleckerte er seinen weißen Bart. Die um seine Würde besorgte Gemahlin beklagte sich daraufhin über die Liebe ihres Mannes zum Wein. Um den Hausfrieden zu wahren, ließ Karl die Hänge umpflügen und mit weißen Sorten bepflanzen. So konnte er weiterhin seinem geliebten Rebensaft frönen, ohne sich den Bart dabei zu beflecken und die Vorwürfe seiner Frau ertragen zu müssen.»

Angesichts der beständig hohen Qualität von Weinen aus Aloxe-Corton erscheinen derlei Märchen überflüssig. Zudem erzählen der Wein und die Güter interessantere Geschichten. Die Familie Pavelot zum Beispiel kann ihre Wurzeln bis ins Jahr 1111 zurückverfolgen. Dennoch dauerte es acht Jahrhunderte, bis sie selbst Land erwerben konnte: Erst 1930 kaufte sie ihre eigenen Rebstöcke. Und der Weinberg, den Karl der Große der Kirche zurückgab, war bis 1969 im Besitz von René Bonneau du Martray, einem direkten Nachfahren von Nicolas Rolin, dem strahlendsten unter den herzöglichen Kanzlern von Burgund.

Lese in Aloxe-Corton — eine harte, freudlose Arbeit. Meist ist es zu dieser Jahreszeit kalt und regnerisch.

KAPITEL DREI

BEAUNE WIE BUSINESS

Imposante mittelalterliche Wälle umrahmen die Altstadt von Beaune. In den zahlreichen historischen Gemäuern befinden sich noch immer die Keller der mehreren hundert Händler, die dem Ort wie keinem anderen den Stempel eines Weinzentrums aufdrücken. Einige der Firmen – sie kaufen ihre Weine von Winzern oder erzeugen die edleren Tropfen selbst – können ihre Ursprünge bis ins 18. Jahrhundert zurückverfolgen. Die Namen der besten *négociants* stehen für hohe Qualität. Ihre weniger gewissenhaften Konkurrenten hingegen sind für die schwankende Güte vieler Erzeugnisse aus der Region verantwortlich. Beaune ist Schauplatz des meist beworbenen Ereignisses im burgundischen Weinjahr: der von den Hospices de Beaune, dem historischen Krankenhaus der Stadt, durchgeführten Weinauktion. Sie findet stets im Hôtel-Dieu aus dem 15. Jahrhundert statt und ist alles andere als ein Relikt aus vergangenen Tagen. Die Preise, die die Weine dort erzielen, sind ein aussagekräftiger Indikator für den gesamten Markt.

Eine Pressekonferenz über die Weine von Burgund ist ein kurioses Ereignis. Man hört vertraute Worte: «Unsere Preise sind nicht so stark gestiegen wie die der Konkurrenz ... wir müssen jedoch dafür sorgen, dass unsere Weine dem Namen Burgund gerecht werden.» Weitaus erbaulicher ist da schon die Umgebung – ein Saal aus dem 15. Jahrhundert im Hôtel-Dieu, das in Reiseführern mit Recht als «Wunder burgundisch-flämischer Baukunst» beschrieben wird. Gleichsam als Sinnbild für die enge Verbindung zwischen der Region und Flandern hängt dort Rogier van der Weydens Polyptychon *Das jüngste Gericht*.

Doch die Halle mit ihrer reich verzierten Decke ist auch noch in anderer Hinsicht sehenswert. Denn an den Wänden stehen Betten, in denen jahrhundertelang die Kranken und Alten aus Beaune und Umgebung gepflegt wurden. So ist das Hôtel-Dieu nun einmal: ein Meisterwerk, mit dem die Stadt wie selbstverständlich lebt. Während Touristen aus aller Welt über die Pracht staunen, gehört der historische Bau für die Einwohner von Beaune zum Alltag – ganz im Gegensatz zu ähnlichen Sehenswürdigkeiten in anderen Städten.

Das Hôtel-Dieu ist eine eindrucksvolle Gedenkstätte für Nicolas Rolin, einem steinreichen Mann, der dem Herzog einst als Kanzler diente. Unsterblichkeit erlangte Rolin allerdings als Wohltäter: Er gab den Armen von Beaune einen Teil des Geldes zurück, das er ihnen zuvor abgenommen hatte. Das «Haus Gottes» diente über Jahrhunderte hinweg als Hospital, bis 1971 vor der Stadt ein neues Krankenhaus eingeweiht wurde. Noch heute wird ein Teil der Gebäudes als Altenpflegeheim genutzt.

Doch der Prachtbau ist bei weitem nicht das einzige historische Gebäude der Altstadt. Innerhalb der Stadtmauern kann man Dutzende geschichtsträchtiger Straßen und Bauwerke besichtigen, darunter auch die ehemalige Residenz der Herzöge. Sie beherbergt heute ein «Erlebnismuseum» des burgundischen Weins und Weinbaus. Es war bei seiner Gründung im Jahr 1946 Frankreichs erste Einrichtung dieser Art.

Ein Werk des französischen Malers Souville aus dem 18. Jahrhundert. Es zeigt einen Pharmazeuten, der in seiner Apotheke im Hôtel-Dieu von Beaune ein geheimnisvolles Heilmittelchen mischt.

BURGUND UND SEINE WEINE

Auch wenn Beaune mittlerweile weit über die Stadtmauern hinaus gewachsen ist, dreht sich hier nach wie vor alles um Wein. Millionen von Weintouristen strömen alljährlich hierher. Sie werden von über 100 Restaurants verköstigt, die sich oftmals auf einheimische Delikatessen wie *escargots*, Schnecken, spezialisiert haben. Daneben gibt es Dutzende Weinhandlungen – von den bescheidensten Läden (deren Preise sich bei näherem Hinsehen als überhaupt nicht bescheiden erweisen) bis zu den riesigen Kellern der Händler.

Auch legt man – schließlich befindet man sich in Burgund – angemessenen Wert auf gutes Essen: in den Geschäften, mehr noch aber auf dem Markt. «Beaune ist die Stadt der Gourmands», schreibt Anthony Hansen. «Auf dem samstäglichen Morgenmarkt kann man Cîteaux-Käse, maisgelbe Hähnchen aus Bresse oder vielleicht die Keule eines jungen Wildschweins erstehen, zu der man das Blut kostenlos in einer Marmeladendose dazubekommt. Die Einheimischen erzählen einem, welcher Metzger das beste

---

Tomaten und Sommerblumen auf dem Weg zu einem der prächtigen Märkte in Beaune.

Schweinefleisch, Kalb oder Huhn liefert. Und das Wetter sagt man in Beaune voraus, indem man auf das Brot drückt: *le pain est mou, il va pleuvoir* – das Brot ist weich, es wird regnen.»

Als große Rivalin von Dijon 50 Kilometer weiter nördlich diente Beaune bis 1443 den burgundischen Herzögen des Hauses Valois als Residenz und verteidigte die Unabhängigkeit der Region weitaus hartnäckiger gegen die französischen Invasoren als Dijon. Dieser Heldenmut kam die Stadt allerdings teuer zu stehen. Anfang des 19. Jahrhunderts lebten in Beaune ebenso viele Menschen wie in der Hauptstadt Burgunds. Dann allerdings geriet der Ort ins Hintertreffen: Nach 100 Jahren hatte er gerade noch ein Fünftel der Größe Dijons. Trotzdem ist er nach wie vor ein Verkehrsknotenpunkt. Man gelangt nicht nur auf relativ freien Straßen dorthin, sondern ist von Nordfrankreich ebenso schnell dort wie von der Schweiz, Deutschland und den Beneluxländern aus. Und: Beaune ist und bleibt die Weinhauptstadt des historischen Herzogtums Burgund.

Die knapp einen Kilometer breite Altstadt wird von einem Verteidigungswall aus dem 15. und 16. Jahrhundert umschlossen. Die Mauern sind weitgehend intakt geblieben und haben im Lauf der Epochen ein malerisches Aussehen angenommen. An den Steinen ranken sich Kletterpflanzen hoch, während in ihrem Schatten tadellos gepflegte Privatgärten und Tennisplätze angelegt wurden. Um die Stadt herum stehen vier mächtige Wehrtürme, die alle eine Geschichte zu erzählen haben. Die aus dem 15. Jahrhundert stammende Bastion de l'Oratoire, ein vierstöckiger Turm mit bis zu acht Meter dicken Mauern, gelangte durch eine seltsame Fügung des Schicksals in die Hand von Chanson, einem der ältesten Weinunternehmen der Stadt, das sie heute zu einer sehenswerten Firmenzentrale umfunktioniert hat. Der Genius loci von Beaune scheint so übermächtig, dass jedes Gebäude, gleich welchem Zweck es einmal diente, sich automatisch für die Erzeugung und Lagerung von Wein eignet. Die bis vor kurzem im Besitz der Familie Marion-Chanson befindliche Firma gehörte mit Jadot, Drouhin, Bouchard Père et Fils und Latour zu den «Großen Fünf» unter den burgundischen Weinhändlern. Die beiden Eingänge der Kellerei befinden sich wie in einer ultramodernen Anlage auf verschiedenen Ebenen. Der junge Wein kommt am oberen Ende in den Turm und «altert» sich Stockwerk für Stockwerk nach unten, bis er ihn im Erdgeschoss als gereifter Tropfen wieder verlässt. Nicht nur Chanson wählte ein historisches Gebäude als Firmensitz: Jaffelin, ein weiteres großes Weinhandelsunternehmen, war lange Zeit im römischen *castrum* untergebracht, dem ersten Gebäude auf dem Gebiet des heutigen Beaune.

Die Weinhändler eroberten die Stadt in mehreren Wellen. Als Erstes ließen sich diejenigen hier nieder, die sich auf den Transport von Wein in die Niederlande spezialisiert hatten. In der Regel tauschten sie die flüssige Ware im Nor-

Oben: *Ein Verkehrszeichen, das nur kleine – und dem Bild nach zu urteilen auch nur alte – Lastwagen auf einem der vielen gewundenen Sträßchen Burgunds zulässt.* Rechts: *Im Herbst ziehen sich nicht allein die Reben ein buntes Kleid über.*

BURGUND UND SEINE WEINE

den gegen Textilien ein. Beide Märkte sind daher traditionell eng miteinander verknüpft – ein Phänomen, das in der Champagne noch stärker ausgeprägt ist. Wie so oft in der burgundischen Geschichte haben einige dieser Pioniere unter den *négociants* die Wirren der Zeiten überdauert. Das 1720 gegründete Handelshaus Champy, ältestes Unternehmen seiner Art, befindet sich gerade wieder im Aufwärtstrend. In einer zweiten Welle wurden Weinhäuser in der zweiten Hälfte des 18. Jahrhunderts gegründet. Diese jüngeren Unternehmen, darunter Patriarche und die Vorgänger von Louis Jadot, gingen aus ehemaligen Gütern des örtlichen Bürgertums hervor. Händler wie Claude Morey aus Nuits erwarben Parzellen in so vielen berühmten Weinbergen, wie sie sich nur leisten konnten. Claude Jobert «verschuldete sich bis über beide Ohren, aber kaufte, was er nur konnte», hält ein Zeitgenosse fest. Zu Joberts Erwerbungen zählte auch ein großer Teil des Clos de Bèze. Diese Händler legten alle eine weit aktivere Verkaufspolitik an den Tag als ihre geistlichen Vorgänger.

Jules Ouvrard war einer jener sagenumwobenen Tausendsassas, die aus jeder Revolution Nutzen zu schlagen wissen. Der Erbe eines Finanzimperiums bemächtigte sich nach der Wiedereinführung der Monarchie 1815 einer Reihe von Gütern, darunter auch Clos de Vougeot. Repräsentativer für die Region war das Handelshaus der Bouchards, denn es hatte nicht nur seine Wurzeln in Burgund, sondern erwies sich auch als äußerst langlebig. Bouchard gehörte schon vor 1789 zu den etablierten *négociants* und war daher in einer ausgezeichneten Position, als es darum ging, vom Verkauf klösterlicher Rebflächen zu profitieren. Kein Weinberg symbolisiert den Übergang vom geistlichen zum weltlichen Eigentum besser als Bouchards berühmte Einzellage Vigne

Frans Hals porträtierte in diesem Bildnis ein Grüppchen ehrenwerter Offiziere. Die Niederländer tranken gern Burgunder. Oben: In manchen Kellern, vor allem denen von Bouchard Père et Fils, lagern Tausende Flaschen Wein, die zum Teil noch aus dem 19. Jahrhundert stammen.

de l'Enfant Jésus in Beaune-Grèves, die einst den Karmeliternonnen in Beaune gehört hatte.

Kaufleute wie die Bouchards profitierten vom Abbau der Zollschranken zwischen Burgund und seinen traditionellen Handelspartnern, dem Rheinland und den Niederlanden. Später kurbelten von Napoleon III. ausgehandelte Freihandelsabkommen – insbesondere mit Großbritannien – den ungehinderten Warenfluss an. Und für weiteren Aufschwung sorgte der Ausbau des französischen Schienennetzes: Mit einem Mal war Burgund keine abgeschiedene, unzugängliche Region mehr.

Leider ruhten sich zahlreiche Weinhändler mit der Zeit auf ihren Lorbeeren aus. Hanson zufolge genügten ihnen Weine, die «grundsätzlich jedem gefallen». Zudem hielten sie gar nicht viel davon, dass Käufer den Weinbergen einen persönlichen Besuch abstatteten. Die Rebhänge umschließen die altehrwürdige Stadt Beaune wie eine Schale. Zwar hat keine der Lagen Grand-cru-Status, doch liefern sie alle weiche, gut und früh zu trinkende Weine – nicht nur die Roten, auch die viel zu häufig übersehenen Weißen. Dabei ist das Preis-Leistungs-Verhältnis ordentlich, vor allem bei den Erzeugnissen aus Savigny-lès-Beaune hangaufwärts Richtung Corton.

Nach dem Zweiten Weltkrieg schwächten US-Amerikaner wie Alexis Lichine die Vormachtstellung einheimischer Geschäftsleute. Lichine bestand darauf, direkt bei den Winzern zu kaufen. Da die *négociants* mit seinen Preisen nicht mithalten konnten und daher kaum mehr an die besten Tropfen herankamen, besannen sich viele auf althergebrachte Traditionen und begannen wie ihre Vorväter wieder Land aufzukaufen. Während sie jedoch in den 1950er- und 60er-Jahren finanziell noch recht gesund dastanden, versetzte ihnen die Ölkrise 1973 einen schweren Schlag. Sie verzichteten auf den Erwerb vieler besserer Weine, weshalb die Winzer noch stärker auf Direktverkauf setzen mussten.

Das komplizierte Verhältnis zwischen Erzeugern und Händlern kaschierte eine gewisse Selbstgefälligkeit der Burgunder, die darauf zurückzuführen war, dass die Weinwelt weiterhin bedenkenlos Produkte mit dem Prädikat

---

Oben: *Die Keller von Louis Jadot, einem der besten Händler von Beaune.*
Unten: *Einige der ehrwürdigsten Kreszenzen in den Gewölben.*

«Burgund» kaufte, ohne auf Güte zu achten. Dennoch stieg die durchschnittliche Qualität, da heute immer mehr Flächen kompetenten Weinbauern und Händlern gehören bzw. von ihnen verwaltet oder gepachtet werden und sich zunehmend auch große Unternehmen von außerhalb engagieren. In den 1980ern und 90ern etwa wurde Louis Jadot von einem US-Importeur aufgekauft, Drouhin von einem japanischen Einfuhrunternehmen, Chanson von Bollinger und Bouchard Père et Fils von Joseph Henriot, seines Zeichens Erbe eines renommierten Familienguts in der Champagne und ehemaliger geschäftsführender Direktor bei Veuve Clicquot. Diese Newcomer bringen mehr Kapital mit, als ihre burgundische Konkurrenz aufbringen kann. So befindet sich von den «Großen Fünf» nur noch Louis Latour in Familienbesitz.

Henriot kaufte unter anderem auch Weinberge der Familie Ropiteau auf und bekam so einen riesigen Besitz von 130 Hektar zusammen, den umfangreichsten an der Côte

---

Links und rechts: *Die Eingänge zu den Weintempeln, in denen die ältesten Flaschen lagern, erinnern zu Recht an Kirchenportale.*

d'Or – doppelt so groß wie die Rebfläche der Hospices. Dann führte er einschneidende Änderungen durch. Dass diese notwendig waren, macht deutlich, zu welchen Vernachlässigungen ungenügende Investitionen führen. Dringend erforderlich war zum Beispiel ein Auswechseln von Stöcken, denn in den Weinbergen von Ropiteau hatte man quer durch die besten Rotweinhänge Zeilen mit weißen Rebsorten gezogen. Zudem musste der Keller neu bestückt werden. Die wichtigsten Bereitungsutensilien sind in Burgund kleine Fässer – und davon so viele wie möglich, um die winzigen Mengen Wein aus den besten Rebhängen angemessen ausbauen zu können. Vor der Ära Henriot war der Most aus mehreren Parzellen einfach zusammen vergoren worden, ein in den zahlreichen Familienbetrieben und Gütern der Region sehr verbreitetes Verfahren. Hatte Ropiteau alle Meursaults als einen einzigen Wein verkauft, bietet Henriot nun mindestens ein Dutzend verschiedener Tropfen an. Fehlten Fässer, konnte man den Most nicht lang genug vergären, da schon die nächste Fuhre Trauben wartete. Verschlimmert wurde der Zeitdruck durch die globale Klimaerwärmung, die die Lese heute auf rund 14 Tage verkürzt hat,

wohingegen man sich früher dreimal so lange dafür Zeit lassen durfte. Damit der Kellermeister frei entscheiden kann, wie viel Holz welchen Alters er verwendet, muss er auch auf ein angemessenes Sortiment neuer Fässer zurückgreifen können – und dazu braucht man wiederum ausreichend Kapital.

Die Eigenheiten der burgundischen Tradition treten am deutlichsten beim Verkauf der Erzeugnisse aus den Weinbergen der Hospices de Beaune zutage. Dieses Ereignis – meiner Ansicht nach das seltsamste in der Welt des Weins – wirkt auf Nichtburgunder wie Cricket auf Nichtbriten: Fans und Beteiligte sind mit Leidenschaft dabei, doch Außenstehende empfinden das Ganze als unendlich langweilig. Seit 1959 legt man die Veranstaltung alljährlich auf den dritten Sonntag im November. In diesem Rahmen findet auch eine Versteigerung der besten Gewächse aus den 61 Hektar Rebfläche der Hospices zu karitativen Zwecken statt. Dabei handelt es sich ausschließlich um Premiers crus und Grands crus von der gesamten Côte d'Or. Sie werden in Posten zu mindestens fünf *pièces* mit jeweils 228 Litern bzw. rund 300 Flaschenfüllungen Inhalt verkauft. Nicolas Rolin war der erste Stifter, doch im Lauf der Epochen gab es noch Dutzende anderer

Oben: *Das Ankohlen der Fassinnenseiten verhindert, dass der Wein zu tanninreich gerät.* Rechts: *Eine Liste der Mitglieder der Bruderschaft von St-Michel in Beaune von 1713 bis 1772. Sie waren allesamt Meisterküfer und zum Teil auch Vorfahren noch heutzutage berühmter Winzerfamilien in Burgund, etwa der Champys, Naudins und Gillots.*

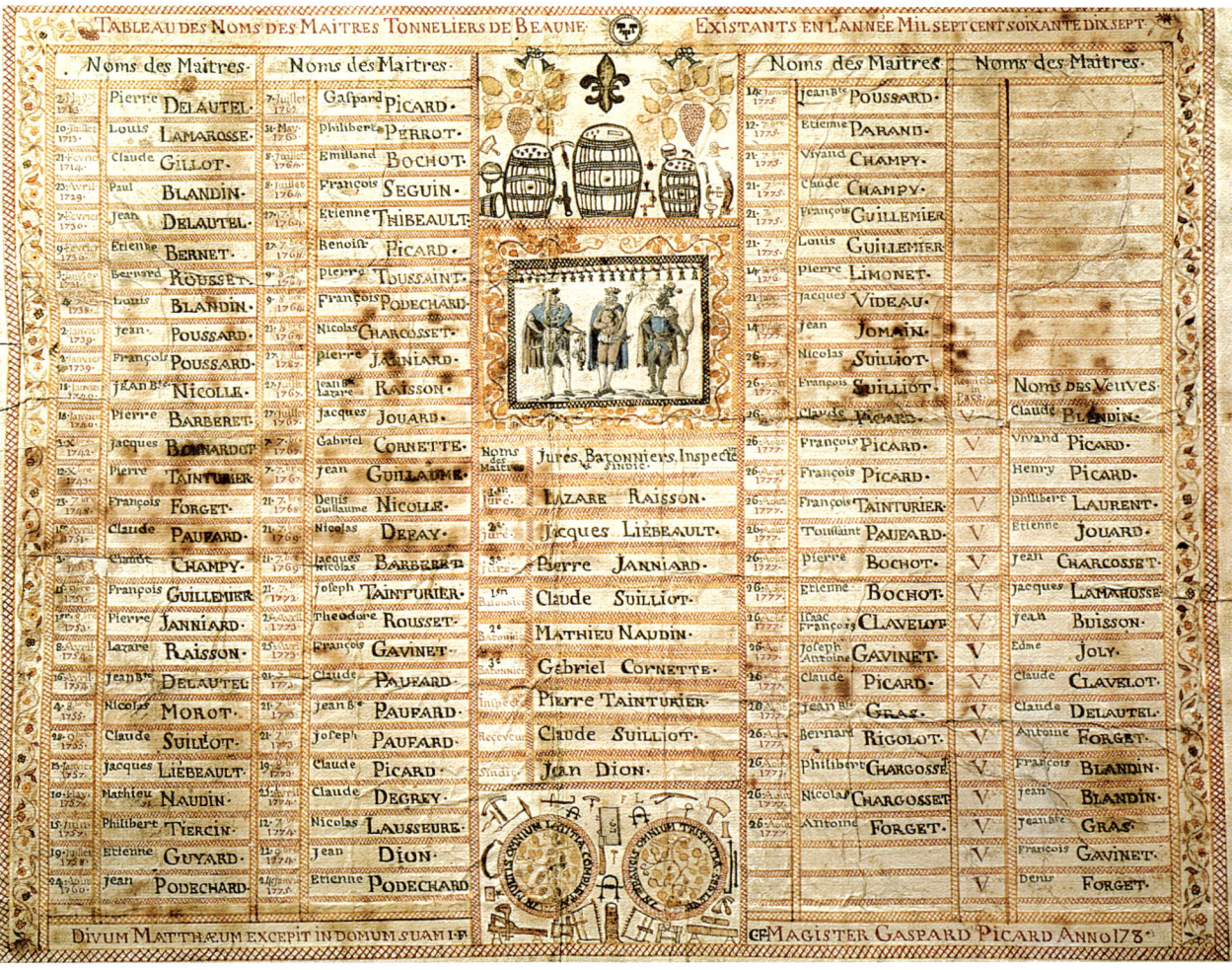

BURGUND UND SEINE WEINE

Wohltäter. Der letzte klopfte vor einigen Jahren beim Direktor der Hospices an und erzählte ihm, dass seine Frau und Kinder versorgt seien und er 23 Hektar Rebfläche übrig habe, die er dem Hospiz gern schenken wolle.

Die Einnahmen aus der Auktion stiegen von 1,4 Millionen Francs Mitte der 1960er-Jahre auf 34,6 Millionen im Jahr 2000, gingen 2001 allerdings um ein ganzes Fünftel zurück. Das Geld wurde für den Erhalt des Krankenhauses verwendet, reicht aber mittlerweile auch für den Bau neuer Gebäude, verschiedene Anschaffungen und sogar ein Heim, in dem soziale Problemfälle wieder in die Gesellschaft integriert werden.

Die Versteigerung findet in der alten Markthalle des Hôtel-Dieu statt und steht nur registrierten Händlern offen. Die wenigsten allerdings steigern für sich: Hinter ihnen steht eine Legion eigentlicher Käufer. Im Jahr 2001 befanden sich darunter bekannte französische Restaurants, aber auch US-Amerikaner und sogar Hotels aus Japan und Moskau. Die Auktion verläuft langwierig und umständlich – wie ein Cricketspiel eben. Der Auktionator bittet um Gebote, doch das Schicksal des Weins entscheidet sich erst, nachdem zwei «Kerzen» – eigentlich sind es nur Dochte – angezündet wurden und ihre Flamme verloschen ist, ohne dass ein weiteres Gebot gehört wurde. Mir schien jeweils als hätte der für das Anzünden der Kerzen Verantwortliche den Verlauf beschleunigen können, wenn er nur gewollt hätte. So zieht sich der Verkauf der rund 150 Partien, die bei einer normalen Versteigerung in 60 Minuten an den Mann gebracht worden wären, hier bis zu viereinhalb Stunden in die Länge. Und die Tatsache, dass sich vorher jeder noch ein ausgiebiges Sonntagsmahl gönnt, verkürzt das Prozedere auch nicht gerade …

Der Direktor der Hospices schlug schon einmal ein vernünftigeres, moderneres Verfahren vor, doch das wurde von den Händlern rundweg abgelehnt. Die Teilnehmer genießen das Schachern zwischen den Geboten. Dazu zählen etwa geflüsterte Aufforderungen an die führenden Bieter, dafür zu sorgen, dass kein Posten unter Wert den Besitzer wechselt. Dank der mit der Auktion verbundenen Publizität lässt

Ganz links und links: *Fässer wie diese kosten etwa 500 Euro pro Stück – für die Winzer eine enorme Investition.*

sich jeder Wein für das Drei- bis Vierfache der Summe veräußern, die er ohne das Etikett der Hospices einbringen würde. Dennoch sind die Preise ein ungefährer Indikator der alljährlichen Marktentwicklung.

Es kam früher immer wieder vor, dass die Qualität der einzelnen Posten stark variierte. Insbesondere 1993 zeigten die Weine Schwächen. Doch ein neuer Direktor brachte frischen Wind in den Betrieb. Die einzelnen Winzer hatten nun nicht mehr die alleinige Kontrolle über die von ihnen bewirtschafteten Parzellen. Vor allem aber wurden die Keller in größere, modernere Anlagen neben dem neuen Krankenhaus verlegt. Dennoch beharrte Kellermeister André Porcheret auf einer kürzeren Gärung, damit die Weine in wenigen Wochen trinkreif waren. Im Jahr 2001 variierten die Preise je nach Qualität sehr stark, was zum Teil daran lag, dass Porcherets Nachfolger den Erzeugnissen ihren eigenen Charakter zugestand, statt ihnen allen einen «Hausstil» aufzudrängen.

Ansonsten aber bringt der Verkauf die typische Selbstgefälligkeit der burgundischen Weinwirtschaft zum Ausdruck. Feine Weine entziehen sich ein paar Monate nach der Lese einfach noch einer Beurteilung, vor allem wenn sie einen langen Gärprozess durchlaufen. Bald nach der Auktion holen die Käufer sie ab und niemand kann kontrollieren, ob sie so gut behandelt werden, dass sie den Namen der Hospices und überhaupt Burgunds weiterhin zu Recht tragen. Doch es ist für die Hospices einfach undenkbar, noch ein paar Monate zu warten oder gar einmal auszusetzen und die Weine des vorherigen Jahrgangs zu verkaufen. Warum sollten sich die Burgunder angesichts des anhaltenden internationalen Erfolgs der Auktion auch um eine Steigerung der Qualität bemühen? Leider fehlt vielen renommierten Gemeinden an der Côte d'Or der Wille zu Verbesserungen, wenngleich sich in den letzten Jahren einiges getan hat.

Die steilen Dächer der im 15. Jahrhundert erbauten Hospices de Beaune sind charakteristisch für den Baustil der damaligen Zeit.

77

KAPITEL VIER

DIE HEILIGEN STEINE VON MONTRACHET

Etwas südlich von Beaune liegen die beiden Dörfchen Pommard und Volney, die die Vielfalt der burgundischen Weinlandschaft ausgezeichnet widerspiegeln. Während sich die Roten aus Pommard relativ hart und robust geben, geraten ihre Pendants aus Volnay weich und elegant. Die eigentlichen Glanzlichter der Gemeinden aber sind die Weissen. Sie stammen entweder aus Meursault — Schauplatz der Paulée, bei der die Weinbauern jedes Jahr im November ihre Produkte vergleichen — oder aus Chassagne-Montrachet und Puligny-Montrachet, deren Einwohner einander mit einer Inbrunst misstrauen, die alle nicht mit der Seele des ländlichen Frankreich vertrauten Beobachter verständnislos den Kopf schütteln lässt. In Chassagne liegt Le Montrachet, ein kaum zehn Hektar grosser Weinberg, aus dem der weltweit beste Chardonnay stammt, ein Wunder an Ausgewogenheit und Aromareichtum.

Auf Pommard stößt man wenige Kilometer südlich von Beaune. Wie bei dem burgundischen Flickenteppich an Weinbergen nicht anders zu erwarten, liefern die Hänge über dem kompakten Dörfchen völlig andere Tropfen als die des großen Nachbarorts im Norden. Die Erzeugnisse, schreibt Anthony Hanson, «genießen seit langem den Ruf, gut zu altern und das Reisen zu vertragen. Sie werden als solide gebaute Weine von großer Farbtiefe beschrieben, die wie guter Corton oder Gevrey-Chambertin eine Weile liegen müssen, um weicher zu werden.» Leider war der Name Pommard so klangvoll und so sehr mit bestimmten Vorstellungen verbunden, dass sich die Weine nur zu leicht verkauften. «Die Erzeuger wiegten sich in falscher Sicherheit», wie Hanson es ausdrückte, und hatten keinerlei Anreize mehr, Weine zu bereiten, die aus der Masse herausragten. Wobei wir wieder bei der burgundischen Selbstgefälligkeit wären. Einst litt der Ruf der Gemeinde schwer

Selbst eine an sich friedliche Landschaft wie Pommard kann sich bei richtigem — oder vielmehr falschem — Wetter in ein dramatisches Sturmbild verwandeln.

DIE HEILIGEN STEINE VON MONTRACHET

unter anmaßenden Erzeugnissen. Nahezu bei jedem kräftigen, dunklen Tropfen gab man vor, es handle sich um einen echten Pommard. Zum Glück nahm eine Hand voll inspirierter Winzer im Dorf das Heft in die Hand, etwa Jean-Marc Boillot oder als Grenzgänger zwischen Pommard und Volnay die Familie de Montille. Die Weine aus der einen Hektar großen Rebfläche direkt neben dem Château de Pommard werden heute von Etienne de Montille bereitet. Schon sein Vater Hubert bereitete Gewächse, die die Eigenheiten jeder Parzelle beispielhaft bewahrten.

Unweit südlich von Pommard befindet sich Volnay. Der Kontrast zwischen den Weinen der beiden Gemeinden ist der beste Beweis dafür, dass die traditionelle Unterscheidung zwischen der Côte de Beaune und der Côte de Nuits nichts mit dem Charakter ihrer Weine zu tun hat. Denn während man einen Pommard gut mit einem Chambertin vergleichen kann, erinnert ein Volnay am ehesten an einen Vosne-Romanée oder Chambolle-Musigny. Jean-François beschreibt Weine aus Volnay als «feminin». Sie sind auch in der Tat weicher und seidiger als ihre Pendants aus Pommard.

Volnay ist in seiner Gliederung das Paradebeispiel eines traditionellen burgundischen Weinorts. Die Premiers crus befinden sich in der Hangmitte zu beiden Seiten der *Route des vins*, der Weinstraße. Manche hätten durchaus Anspruch auf den Titel eines Grand cru, allen voran die Caillerets. Doch in den 1930er-Jahren sah der Marquis d'Angerville es als Ehrensache an, das Prädikat für seinen eigenen hochgerühmten Weinberg nicht einzufordern. Die Premiers crus bilden praktisch die Pufferzone zwischen den um sie herum gruppierten Gemeindeappellationen weiter hangabwärts sowie den Lagen hangaufwärts auf etwa 275 Meter Höhe und unterhalb des Dorfs. In Richtung der Hauptstraße und darüber hinaus sind weitere Rebflächen angelegt, die jedoch nur als Bourgogne Rouge in den Handel gebracht werden dürfen.

Auch die Geschichte Volnays ist die eines klassischen burgundischen Dorfs. Die Weinberge befanden sich im Lauf der Epochen im Besitz von Klöstern, Malteser Rittern sowie verschiedenen burgundischen Herzögen und französischen Königen. Wein aus Volnay war ein Lieblingstrunk von Ludwig XIV. und wurde bei der Feier zur Krönung seines Urenkels Ludwig XV. gereicht, der allerdings damals erst fünf war und wohl noch zu jung, um seine samtigen Eigenschaften so recht schätzen zu können. In den 1930er-Jahren machte sich der Marquis d'Angerville für die rigorose Umsetzung von AOC-Bestimmungen stark. Die örtlichen Händler, ein skrupelloser Haufen, verbündeten sich daraufhin gegen ihn. Dadurch wurde er gezwungen, seine Weine selbst abzufüllen und zu verkaufen, was damals äußerst ungewöhnlich war, sich aber letzten Endes als großer Vorteil erwies.

Die Rebfläche von Volnay vermischt sich in burgundischer Manier mit der in der Nachbargemeinde Meursault. In Meursault entsteht einer der bekanntesten Weißen der Region, ein buttriger Tropfen mit Anklängen an Haferschleim, der in der Regel voller und daher in der Jugend trinkbarer ist als seine südlichen Nachbarn. Das Land in Meursault ist so wertvoll, dass der mittlerweile verstorbene André Boisseaux nach dem Kauf des Château de Meursault 1973 eine Reihe von Gebäuden abreißen ließ und stattdes-

---

Von der Abendsonne beschienen: die dicht gedrängten Häuser von Volnay.

84

DIE HEILIGEN STEINE VON MONTRACHET

sen Stöcke pflanzte. Sie sind, um mit Bazin zu sprechen, die weltweit einzigen Reben mit Telefon- und Kanalanschluss. Meursault ist Schauplatz eines der wichtigsten Ereignisse im burgundischen Weinkalender: Am Montag nach der Versteigerung in den Hospices de Beaune (siehe S. 72–76) findet als letzte, zwangloseste und daher angenehmste Veranstaltung der «Trois Glorieuses» die Paulée statt. Über die Herkunft des Namens gibt es verschiedene Versionen. Manche behaupten, er sei von *poêlée*, «in der Pfanne gebraten», abgeleitet. Andere führen ihn auf den Begriff *épaule à épaule*, «Schulter an Schulter», zurück. Und eine dritte Interpretation nennt den *paulier*, den Eintreiber des Zehnten, als Ursprung. Das Fest geht auf das Jahr 1923 zurück. Damals lud Jules Lafon, dessen Familie noch immer einige der besten Weine in der Gemeinde bereitet, eine Hand voll Vertrauter zu einem Festmahl anlässlich der Lese ein. Im Jahr darauf gesellten sich ein weiterer bedeutender Erzeuger aus dem Ort, Jacques Prieur, und seine Freunde dazu. In den 1930ern organisierten sie bereits die Paulée als ein den Weißweinen gewidmetes Pendant zu den Festivitäten der Chevaliers du Tastevin im Clos de Vougeot. Im Rahmen der Paulée wird ein mit 100 Flaschen Meursault dotierter Literaturpreis für Weinbücher verliehen, die erste Auszeichnung dieser Art und ein klassisches Beispiel für den wegweisenden Geschäftssinn der Burgunder.

Die Paulée läuft in angenehmer, aber professioneller Manier ab: Die Winzer bringen Verkostungsproben mit und vergleichen ihre Erzeugnisse mit denen ihrer Nachbarn. In der Neuen Welt ist das eine Selbstverständlichkeit, doch im Burgund der 1930er-Jahre war es ein Novum und ist noch heute ungewöhnlich. Selbst die für das Festmahl im Clos de Vougeot verkosteten Weine bleiben streng anonym. Die Paulée hat mehr dazu beigetragen, den hohen Qualitätsstandard der Weine aus Meursault zu wahren, als alle französischen Verordnungen der letzten 70 Jahre.

Die Bereitung der besten Kreszenzen in der Region liegt in den Händen einer relativ kleinen Zahl von Familien. In ihren Betrieben wurde die Verantwortung für das kostbare

---

Oben: *Meursault bei Sonnenaufgang mit Rebzeilen im Vordergrund.*
Unten: *Les Pucelles, ein klassischer, ummauerter Premier-cru-Weinberg in Puligny-Montrachet mit dem obligaten Steintor.*

Vermächtnis von Generation zu Generation weitergegeben. Sie wiegt nun umso schwerer, als die Kinder in der Regel eine richtige önologische Ausbildung an einer Fachschule genießen. Die Familienverhältnisse können allerdings recht verwirrend sein. Die beiden großen Weißweingemeinden südlich von Meursault, Puligny-Montrachet und Chassagne-Montrachet, veranschaulichen die komplizierten Verzweigungen am besten. So ist in Chassagne Laurence Fontaine-Gagnard aktiv, außerdem die Tochter von Jacques Gagnard-Delagrange und Enkelin von Edmond Delagrange-Bachelet, deren Schwester Claudine Blain-Gagnard heißt. Alle führen renommierte Güter.

In den beiden Dörfern hat sich auch der historische Wandel von Rot zu Weiß beispielhaft vollzogen. Er macht sich vor allem in Chassagne-Montrachet bemerkbar. Der moderne Weißweinsnob blickt mit Verachtung auf die dort erzeugten Roten, die für ihn Störenfriede in einer weißen Hochburg sind. Dabei wies der Wissenschaftler und Autor Lavalle schon 1855 darauf hin, dass die Roten aus Puligny – heute eine Gemeinde mit ausschließlich weißen Erzeugnissen – genau so hoch im Kurs standen wie die aus anderen

DIE HEILIGEN STEINE VON MONTRACHET

Teilen der Côte de Beaune. Als ich Jacques Gagnard-Delagrange traf, wollte er verständlicherweise über die köstlichen Roten von Chassagne sprechen. Insbesondere interessierte ihn die Frage, warum sie relativ unterbewertet waren, obwohl sie sich doch besser verkauften als die Weißen. Während vor 25 Jahren drei Fünftel der Anbaufläche in der Gemeinde mit Pinot und zwei Fünftel mit Chardonnay bestockt waren, hat sich dieses Verhältnis heute umgekehrt. Obwohl die Roten verlässlicher sind, wurden die besten Lagen mit Weißweinreben bepflanzt. Die Benachteiligung der Roten scheint sich also fortzusetzen.

Natürlich gibt es auch Unterschiede zwischen Chassagne und Puligny, die über das *terroir* hinausgehen. Die beiden Gemeinden waren sich nie so recht grün – das Tal zwischen ihnen mag als Symbol für die Kluft dienen. In Puligny leben sieben Familien mit Namen Chavy, doch sie alle bestreiten verwandtschaftliche Beziehungen zu den

Links: *Dächeransicht von St-Romain. Die Bedachungen sind alle sehr ähnlich – und die Kamine alle sehr unterschiedlich.* Rechts: *Ein altes, keltisch anmutendes Kreuz in Puligny-Montrachet.*

Chavys in Chassagne. Die Weine aus Puligny kommen in der Regel früher auf den Markt als jene von Chassagne, da man wegen des hohen Grundwasserspiegels keine Keller gegraben hat und die Fässer oberirdisch gelagert werden müssen. Zudem sind die ausnahmslos weißen Weine aus Puligny so leicht zu veräußern, dass manche Weinbauern keinerlei Interesse an guter Qualität zeigen und übermäßig hohe Erträge nach Hause fahren, vor allem wenn sie ihren Most nicht selbst vergären, sondern an Kellereien verkaufen. Die in letzter Zeit in Chassagne entstandenen Weißen hingegen zeigen Finesse und Charakter. Die Gegenüberstellung «Puligny-Montrachet: strukturiert, aromatisch und fest; Chassagne-Montrachet: nussiger» von Weinautor Oz Clarke trifft meines Erachtens den Nagel auf den Kopf.

Auch Simon Loftus geht in seinem bemerkenswerten Buch über Puligny auf die Unterschiede zwischen den beiden Gemeinden ein. Die Weine aus Puligny, so meint er, «seien eher komplex, die aus Chassagne hingegen eher unzugänglich. Puligny gibt sich kultivierter – das mag von Vor- oder Nachteil sein –, während sich Chassagne eine ausgeprägtere, nicht ganz so feine, bäuerliche Urwüchsigkeit bewahrt hat.» Chassagne verfügt über weniger Grands crus und Premiers crus und ist wirtschaftlich viel stärker vom Wein abhängig als der Nachbarort, der in den tieferen Lagen auf Ackerland zurückgreifen kann, falls der Wein sich einmal schlecht verkauft – was bis weit nach 1945 auch der Fall war und heute schwer nachzuvollziehen ist.

Beide Dörfer kamen auf die verkaufsfördernde Idee, den Namen ihres berühmtesten Weinbergs Montrachet der Ortsbezeichnung hinzuzufügen. Der legendäre Montrachet gelangte wie sein rotes Pendant Romanée-Conti im 18. Jahrhundert zu Ruhm, stammt aber im Gegensatz zu diesem aus einem viermal so großen, unter einem Dutzend Besitzern aufgeteilten Weinberg.

1728 stellte der gelehrte Abt Claude Arnoux fest, dass auf dem Montrachet «der bemerkenswerteste, köstlichste Weißwein Frankreichs heranreift... Er ist von einer Weichheit, für die sich weder in der französischen noch in der

Nichts scheint die Reben beidseits dieser Straße in Puligny-Montrachet zu unterscheiden. Und doch können ihre Weine völlig verschiedene Preise erzielen.

DIE HEILIGEN STEINE VON MONTRACHET

BURGUND UND SEINE WEINE

lateinischen Sprache Worte finden lassen... Ich habe ihn sechs oder siebenmal getrunken und weiß daher, wie delikat er ist.» Doch schon damals scheint er sehr begehrt gewesen zu sein, denn «man muss ihn im Voraus kaufen, da er bereits zur Lese nicht mehr zu haben ist.» 100 Jahre später schrieb Cyrus Redding, dass der Wein «in guten Jahren durch seine Finesse und Leichtigkeit, sein Bukett und seine exquisite Delikatheit auffällt. Er hat Esprit, ohne trocken zu sein, und Fülle, ohne pappig zu wirken.» Seither hat sich nicht viel geändert.

Romanée-Conti liegt gleich einem Hochaltar inmitten von Weinbergen, die ihm ihre Ehrerbietung erweisen. Montrachet hingegen – wörtlich «steiniger Berg» – ist weit oben am Hang und hat nur noch Chevalier-Montrachet über sich. Die drei weiteren Grands crus, die den Namen Montrachet führen dürfen, befinden sich weiter unten. Simon Loftus unterscheidet mit wissenschaftlicher Präzision zwischen Le Montrachet und seinen Satelliten. Er konzentriert sich dabei auf die unterschiedliche Zusammensetzung des Tonbodens über dem Kalk als Muttergestein. «Tonpartikel», so Loftus, «machen in Bâtard-Montrachet 50 Prozent, in Montrachet etwa 35 Prozent und in Chevalier nur etwa 20 Prozent des Bodens aus. Diese arithmetische Progression bringt den Kontrast zwischen der Kraft eines Bâtard vom Fuß des Hangs und der Finesse eines Chevalier am oberen Ende vollendet zum Ausdruck, wobei der Montrachet die perfekte Synthese beider Erzeugnisse bildet.»

Dieselbe graduelle Abstufung gilt für den Hang: Bâtard-Montrachet ist steiler, Chevalier-Montrachet flacher und Montrachet liegt irgendwo dazwischen. Alle Weinberge jedoch sind in etwa nach Südosten ausgerichtet. Der Bewuchs auf dem Hügelkamm bremst die kalten Westwinde, was in Burgund ebenso wichtig ist wie in der noch weiter nördlich gelegenen Champagne.

Früher wurden in Puligny weniger Weine direkt vom Winzer verkauft als in anderen berühmten Gemeinden, da der hohe Grundwasserspiegel einen Ausbau von Erzeugnissen in kleinem Maßstab erschwerte. In den letzten 80 Jahren allerdings bewiesen Weinbauern wie die Familie Leflaive, dass es auch anders geht. Sie erlangten nicht nur

Traubenlese ist harte körperliche Arbeit. Jede Bütte wiegt bis zu 40 kg.

weltweit beneidenswertes Renommee, sie vollziehen derzeit auch den Schritt, den die Bouchards und andere Kellereien schon im 18. und 19. Jahrhundert getan haben: den vom Besitzer zum eigenverantwortlichen Händler. Dabei verlassen sie sich nicht nur auf den klangvollen Namen der von ihnen bewirtschafteten Weinberge, sondern fühlen sich auch dem Ruf der Familie verpflichtet.

Leflaives hat es in der Region schon immer gegeben – oder zumindest seit 1580, als ein gewisser Marc Le Flayve nachweislich in Cissey lebte. 1779 nahm der zweite von fünf aufeinander folgenden Leflaives mit Vornamen Claude eine gewisse Anne Barraut aus Puligny zur Frau. Erst sein Urenkel war bei der Namensgebung verwegener: Er taufte seinen Stammhalter Claude-Joseph. Und der wiederum nannte seinen Sohn schlicht Joseph. Joseph erbte ganze zwei Hektar Rebfläche, die bis zu seinem Ableben allerdings auf eine riesiges Gut anwuchsen. Er war eine bemerkenswerte Persönlichkeit, ein brillanter Geist, der als erster Student aus bescheidenen Verhältnissen die führende technische Hochschule Frankreichs die Ecole Polytechnique, abschloss. Joseph Leflaive wählte den Beruf des Schiffsbauingenieurs und war an der Konstruktion des ersten französischen U-Boots beteiligt. Er nahm jedoch früh Abschied vom Berufsleben und kehrte 1926 nach Puligny zurück – als Erster einer langen Reihe von Burgundern, die es nach einer ruhmreichen Karriere in der weiten Welt zur heimatlichen Scholle zog. Trotz schlechter Zeiten glaubte er an die Zukunft des Weinbaus und erwarb 25 Hektar Rebfläche sowie die Gebäude in Puligny, in denen bis heute Wein bereitet und gelagert wird. Da er oft unterwegs war, aber auch um die Notwendigkeit einer guten Geschäftsführung wusste, übertrug er die Verantwortung für die Kellerei zu einem Großteil einem weiteren hellen Geist aus Puligny: dem führenden Weinbaufachmann François Virot. Zusammen merzten sie die Sorten Aligoté und Gamay aus, die nach der Reblausinvasion bis nach Puligny vorgedrungen waren, und pflanzten Chardonnay.

Josephs jüngster Sohn Vincent begründete in der Nachkriegszeit die Reputation des Guts. Unterstützt wurde er dabei von seinem Bruder Joseph, der ganz in der Familientradition sein Glück in der Ferne suchte und einen verantwortungsvollen Posten in Paris innehatte. Seinen größten

DIE HEILIGEN STEINE VON MONTRACHET

Triumph erlebte Vincent 1991, als er einen winzigen Anteil am Weinberg Le Montrachet erwerben konnte – gerade einmal ein paar *ouvrées*. «Zum ersten Mal nach über 200 Jahren konnte in Puligny wieder jemand einen Teil des 'steinigen Bergs' in seinen Besitz bringen», schreibt Loftus. Bâtard-Montrachet hingegen war von jeher ein offener Weinberg. Schon Mitte des 19. Jahrhunderts betrug die durchschnittliche Parzellengröße ganze drei *ouvrées*. Selbst heute hat kein Teilstück mehr als einen knappen Hektar; die meisten Besitzer müssen sich mit etwa 1500 Quadratmetern begnügen.

Vincents Tochter Anne-Claude, eine ausgebildete Önologin, führt die Familientradition der Leflaives fort. Wie Lalou Bize-Leroy, eine andere Pionierin des burgundischen Weinbaus, ist sie noch einen Schritt über die ökologische Bewirtschaftung hinausgegangen, die in der durch den intensiven Einsatz von Chemie gebeutelten Region auch dringend notwendig gewesen war. Die beiden Frauen setzen nun auf biodynamischen Rebbau. In ungünstigen Jahren sind

Reben zu herbstlicher Jahreszeit – ein Meer aus unzähligen Farbtönen.

damit allerhand Probleme verbunden, dafür entstehen jedoch außerordentlich konzentrierte – und im Fall von Madame Bize-Leroy auch außerordentlich teure – Kreszenzen. Anne-Claudes Cousin Olivier gründete nach 18 ruhelosen Jahren im Showbusiness ebenfalls seinen eigenen Betrieb. Er zog den renommierten Weinmacher Franck Grux hinzu, knüpfte systematisch Beziehungen zu vielen Winzern, wobei er sie beriet und ihr Lesegut bzw. ihren Most aufkaufte, und erzeugt mittlerweile Weine, die den Namen der Familie zu Recht tragen.

Chassagne-Montrachet ist die letzte Bastion der Côte de Beaune, bevor die *Route des vins* den Hang hinauf und zurück nach Auxey-Duresses verläuft. Das von Auxey, Volnay und Meursault gebildete Dreieck gilt unter den Einheimischen als geweihter Boden, das «Allerheiligste des keltischen Weins», um mit Bazin zu sprechen. Im Mittelpunkt des Dreiecks liegt hangaufwärts hinter Volnay und Pommard das kleine Dorf Monthelie. Es hat sich voll und ganz dem Wein verschrieben und verkauft Tropfen, die traditionell zu lediglich einem Dreiviertel der Preise von Erzeugnissen aus bekannteren Gemeinden weiter unten in Umlauf gebracht werden und ein besseres Preis-Leistungs-Verhältnis aufweisen können. Zum Schluss sei noch hinzuzufügen, dass Santenay, die letzte Gemeinde der Côte de Beaune, eher aus verwaltungstechnischen Gründen als wegen der Qualität ihrer Weine zu dieser Region gezählt wird.

Links: *Abendstimmung im Dörfchen Monthelie.* Nächste Seite: *Volnay im Hintergrund verschwindet fast im Dunst.*

KAPITEL FÜNF

DIE HERAUSFORDERER

Beim Stichwort Burgund denkt man oftmals nur an die Vorzeigebereiche des Anbaugebiets und lässt drei Subregionen ausser Acht, in denen durchaus feine Gewächse entstehen können. Oberhalb der Côte d'Or liegen die Hautes Côtes, eine windgepeitschte, sanft gewellte Landschaft von wilder Schönheit. Wegen der globalen Klimaerwärmung reifen die Trauben dort mittlerweile früher und verlässlicher aus als in der Vergangenheit, sodass Weine mit dem besten Preis-Leistungs-Verhältnis in ganz Burgund entstehen. Starke Konkurrenz bekommen sie jedoch von Bouzeron, Rully, Mercurey, Givry und Montagny, den fünf Gemeinden der Côte Chalonnaise südlich der Côte d'Or. Vor allem die besten Weissen aus Rully und die feinsten Roten aus einem sonnigen Kessel in Mercurey können es mit den Hautes-Côtes-Weinen aufnehmen. Zudem hat das Quintett einen Joker: die spritzig-aromatischen, aus der Aligoté gekelterten Weissen von Bouzeron. Und noch selbstbewusster drängen die Tropfen aus dem Mâconnais auf den Markt. Die besten Weissweine, etwa aus Pouilly-Fuissé, sind lebendig und köstlich fruchtig — einzigartig.

Den Winzern und Händlern von der Côte d'Or wirft man oft Selbstgefälligkeit vor – nicht zu Unrecht. Doch ihnen erwächst zunehmend Konkurrenz aus den nicht ganz so bekannten Weinbaugemeinden von den Hautes Côtes oberhalb der Côte d'Or, von der Côte Chalonnaise im Süden und aus dem Mâconnais noch weiter südlich. Die Herausforderer sind hungrig nach Ruhm – und bringen obendrein die Bereitschaft mit, immer eindrucksvollere Weine zu weit vernünftigeren Preisen als ihre berühmten Nachbarn zu bereiten.

Der Kontrast zwischen den etablierten Renommiergemeinden und den Newcomern tritt vor allem in den Hautes Côtes zutage, dem wenig bevölkerten, schönen Hügelland oberhalb der Côte d'Or. Immer wenn ich dieser Gegend einen Besuch abstatte, verliebe ich mich aufs Neue

---

Rechts: *Eines der kleinen* maisons de quatre heures *in Burgund. In den «Vier-Uhr-Häuschen» finden die Weinbergarbeiter Schutz und ein Plätzchen, um sich von der schweren Arbeit auszuruhen. Ganz rechts: Die Reben stehen in Burgund dicht gedrängt. Auf einen Hektar kommen bis zu 10 000 Stöcke.*

in ihre vielen Dörfchen. Sie sind ihren berühmten Nachbargemeinden so nah – und haben doch einen völlig anderen Charakter. Ganze acht Kilometer hinter dem geschäftigen Treiben von Nuits-St-Georges befindet man sich bereits in einer anderen Welt. Die Täler sind tiefer, die hügeligen Fluren nicht so stark von Menschenhand geprägt, die Hänge nicht nur von Weinbergen grün, sondern auch von Weiden und Hecken, die man in berühmteren Anbauregionen kaum noch findet. Vervollständigt wird das Bild von Obstbäumen, Beerensträuchern und gelegentlich einer Kuh oder einem Schwein.

Die Trauben reifen nur dort, wo die Hänge günstig nach Osten oder besser noch Südosten bzw. Süden gerichtet sind, damit selbst der geringste Sonnenstrahl eingefangen wird. Geographisch und sogar geologisch indes sind die Hautes Côtes lediglich eine Fortsetzung der Côte d'Or. Die Böden setzen sich aus demselben Jurakalkgemisch zusammen. Und in mancherlei Hinsicht ist das Klima für die Launen der Pinot sogar noch günstiger – kühler zwar, doch auch sonniger. Verantwortlich dafür ist das meteorologische Phänomen der Temperaturumkehr: Die unteren Bereiche der

DIE HERAUSFORDERER

Hänge liegen im Nebel, während sich darüber kühle Luft sammelt.

Derzeit ist die oft geschmähte Region wieder im Aufwind begriffen. Winzer spüren uralte Rebgärten auf und erwecken sie zu neuem Leben. Steine, die man früher beim Anlegen von Weinbergen aus dem Boden geholt und zu Haufen aufgetürmt hat, dienen ihnen dabei als Anhaltspunkt. Der Grund für die Renaissance der Region ist einfach: Die Lese kann heute aufgrund des globalen Anstiegs der Durchschnittstemperaturen drei Wochen früher stattfinden als noch vor wenigen Jahrzehnten, als die Weinbauernkinder regelmäßig Mitte oder Ende Oktober zwei Wochen Ferien bekamen, um im Weinberg zu helfen. Zwar sind viele Weine von den Hautes Côtes nach wie vor enttäuschend blass, doch einige bekunden mittlerweile ausgezeichnete Tiefe, Länge und Fülle.

Das Kreuz markiert den Eingang zur Domaine de la Romanée-Conti, dem berühmtesten Weingut in Burgund. Seine Eigentümer restaurieren derzeit das Kloster St-Vivant in den Hautes Côtes.

Die Côte d'Or und die Hautes Côtes sind nicht nur geologisch, sondern auch historisch untrennbar miteinander verbunden. Dabei spielte die Kirche eine tragende Rolle. Das Kloster St-Vivant hoch über den Weinbergen der Côte d'Or wurde Ende des 9. Jahrhunderts von Mönchen aus der Normandie gegründet, die vor den normannischen Eroberern geflohen waren. Um ihren Wein von all den Rebhängen in ihrem Besitz, darunter auch Romanée-St-Vivant, sicher aufzubewahren, lagerten sie ihn im Kloster. Die Besitzer der Domaine de la Romanée-Conti (siehe S. 54-55), denen auch Romanée-St-Vivant gehört, restaurieren derzeit das Gemäuer.

Doch auch die eigenen Weine der Region waren früher berühmt. Mittelalterliche Könige reichten ihren Gästen Gewächse aus Meloisey, einem der malerischsten Dörfer in den Hochtälern der Hautes Côtes. Die Herzöge von Burgund unterhielten dort einen Keller. Und die Weine der Nachbargemeinde Nantoux wurden im 18. Jahrhundert sogar höher eingeschätzt als die aus Pommard.

Den Niedergang der Region läutete die Französische Revolution ein. Die neuen Machthaber hoben unter anderem das 400 Jahre zuvor von Philipp dem Kühnen erlassene Pflanzverbot für die viel zu ertragreiche Gamay auf. Noch vor 100 Jahren war sie deshalb fünfmal häufiger vertreten als heute. Die Gamay sowie die vor und nach dem Zweiten Weltkrieg gepflanzten Hybriden ruinierten den Ruf der Hautes Côtes, obwohl die Behörden darauf bestanden, dass nur den Weinen aus Pinot noir eine Appellation zu verleihen sei. Ihr schwerfälliger, unattraktiver Name: Bourgogne des Côteaux de Beaunois oder Bourgogne des Côteaux des Nuitons.

Die Winzer verzweifelten und vernachlässigten den Weinbau. Und wenn sie ihre Rebhänge neu bepflanzten, zogen sie die enorm produktiven Hybriden der unberechenbaren Pinot noir vor. In der ersten Hälfte des 20. Jahrhunderts zog es die Jugend in Scharen in die Städte. Die Bevölkerung ging um die Hälfte zurück. Ironischerweise setzte gerade während des Zweiten Weltkriegs eine Renaissance ein, als die Nachfrage nach Billigwein stieg und der Landflucht durch Reisebeschränkungen Einhalt geboten wurde.

Die Wiederbelebung der Weinberge ist größtenteils einer heute zu Unrecht vergessenen Persönlichkeit zu verdanken: dem verstorbenen Etienne Kayser. Gegen Kriegsende arbeitete er in Meloisey als Schulmeister und war quasi «Beichtvater und Laienpriester» des Dorfs, wie er mir einmal anvertraute. «Ich hatte 20 bis 40 Kinder zwischen 5 und 13 Jahren. Als mich ihre Eltern fragten, was sie pflanzen sollten, wusste ich nicht, was ich ihnen sagen sollte. Also riet ich ihnen zunächst einmal zu Obstbäumen, denn die Region war einst dafür bekannt gewesen.»

Das von Kayser gegründete *syndicat* war weit über Burgund hinaus revolutionär, denn es brachte Weinbauern aus mehreren Gemeinden an einen Tisch. So haben die Hautes Côtes de Beaune und die Hautes Côtes de Nuits heute ein gemeinsames *syndicat*. Als Kayser die Weinbauern fragte, welche Sorten sie anbauten, lautete die Antwort oft: Gamay. Er legte ihnen daher ans Herz, auf Pinot noir umzusteigen und sich in der Kellerwirtschaft fortzubilden; das Institut Œnologique in Beaune bot bereitwillig Hilfe an. Vor allem aber

---

Lohnt sich der Weinbau nicht mehr, ersetzt man die Reben durch Sonnenblumen, deren Öl in unserer gesundheitsbewussten Zeit sehr geschätzt wird.

DIE HERAUSFORDERER

mussten sich die Weine verkaufen. Schon 1951 gründete Kayser eine Weinbruderschaft zur Verkostung der örtlichen Tropfen. Ohne Selbstüberschätzung machten sich die Winzer der Hautes Côtes an die Arbeit. Sie wollten von vornherein dafür sorgen, dass ihre Weine zumindest gut gemacht waren.

Kayser wusste aber auch um die Notwendigkeit guten Marketings. Die besten Erzeugnisse bekamen den «Prix d'excellence» verliehen, alle guten Tropfen zeichnete man zudem mit einem «Diplôme des vins des Hautes Côtes» aus. Kayser organisierte sogar jährliche Picknicks – «eine Mordsarbeit», wie er es nannte. Sie fanden anfangs in der historischen Stadt La Rochepot und ab 1953 in Mandelot statt, wo man anlässlich der Veranstaltung die für damalige Verhältnisse unglaublich hohe Zahl von 600 Autos zählte. Als Kayser und Monsieur Magnien, der Bürgermeister von Meloisey, die Belebung des Fremdenverkehrs in Angriff

Ganz links und links: *Das Château von La Rochepot aus dem 15. Jahrhundert, eine Perle der Hautes Côtes. Typisch die vom flämischen Stil beeinflussten Dächer.*

nehmen wollten, stellten sie fest, dass es in der Region so ziemlich an allem fehlte – einschließlich der Straßen zwischen vielen Dörfern. Dieses Manko allerdings teilten sie mit der Côte d'Or, denn dort gab es damals sogar zwischen Puligny und Montrachet nur einen Feldweg. Man asphaltierte also nach Kräften und richtete obendrein einen rudimentären *circuit touristique* (Touristenpfad) ein.

Dennoch sollte es noch wenigstens zwei Jahrzehnte dauern, bis der Weinbau so richtig in Schwung kam. Zunächst gründete man 1955 eine Genossenschaft, um Wein überhaupt angemessen vinifizieren zu können. Anfangs gewann man nur 14 Winzer für das Projekt. In den 1960er-Jahren allerdings stellte sich der Erfolg der Kooperative ein, die vernünftigerweise in einem Vorort von Beaune eingerichtet worden war. 1967 hängte Kayser das Lehramt an den Nagel, um sich vollends seiner Genossenschaft widmen zu können. 1970 zählte diese bereits 70 Mitglieder mit 100 Hektar Wein und nannte eine für rund eine Million Francs eingerichtete Kellerei ihr Eigen. Nun konnte das *syndicat* einen weiteren wichtigen Schritt tun und ein in Burgund einzigartiges Projekt starten: das *remembrement*, die Wiederzusammenführung sinnlos verstreuter Weinberge – undenkbar an der Côte d'Or, wo der Grundpreis hundertmal höher als in den Hautes Côtes war. Nach zehnjährigem Kampf bewog Kayser die Behörden ferner zu einer Namensänderung für die Appellation: «Hautes Côtes de Beaune» war klangvoller und enthielt auch nicht das fatale Wort «Bourgogne», das nur den Wert der Weine minderte.

Angesichts der unerfreulichen Tradition in der Region war es nicht verwunderlich, dass die erste Generation von Weinbauern vor allem auf Quantität setzte und sich nicht allzu viel um Reife bzw. Qualität generell scherte. In unseren Tagen allerdings bringt die äußerst fruchtbare Kombination aus Investitionen von außerhalb – oft durch zukunftsorientierte Firmen wie Faiveley und Antonin Rodet – und einer jungen Winzergeneration frischen Wind in die Weinwirtschaft.

Für das neue Zeitalter steht die Präsidentin der Appellation, Claire Naudin, eine junge, qualifizierte Winzerin der zweiten Generation, deren Vater bei der Wiederbelebung des Anbaugebiets Pionierdienste geleistet hat. Die Zeichen stehen günstig für die Hautes Côtes, was natürlich dem wärmeren Klima, aber auch den relativ großen, homogenen Gütern und einer Reihe begeisterter junger Weinbauern wie Guy Simon zu verdanken ist.

Eine Revolution ist im Gange. Sie hat jedoch nicht nur die Hautes Côtes erfasst, sondern in noch stärkerem Maße die Côte Chalonnaise. Südlich des Städtchens Chagny wird die Landschaft abwechslungsreicher, obwohl noch immer Jurakalk dominiert. Doch der Boden ist hier kiesiger und uneinheitlicher als an der Côte d'Or. Mit den Rebhängen zwischen Chagny und Tournus meinte es das Schicksal nicht besonders gut, denn man verweigerte ihnen die Zugehörigkeit zum Département Côte d'Or. Außerdem müssen die fünf wichtigsten Weinbaugemeinden Bouzeron, Rully, Mercurey, Givry und Montagny heute jede für sich um Anerkennung kämpfen, denn die regionale Appellation Côte Chalonnaise bringt kaum etwas.

In gar nicht allzu ferner Vergangenheit beherbergten solche winzige Häuschen Vieh im unteren und Menschen im oberen Stock.

DIE HERAUSFORDERER

Dass die Welt ungerecht ist, wird vor allem am Beispiel Bouzeron deutlich. In dem Flecken wenige Kilometer südlich von Chagny entstehen die bemerkenswertesten Aligoté-Weine Burgunds und damit auch der gesamten Weinwelt. In ganz Burgund sind lediglich 250 Hektar mit dieser Rebe bestockt. Zwar wird sie in Osteuropa massiv kultiviert, doch das Ergebnis ist in den allermeisten Fällen unter aller Kritik. Die Aligoté war in der Côte d'Or recht gut vertreten, bis die Chardonnay nach 1945 ihren Siegeszug antrat, gegenüber der sie sich ziemlich gewöhnlich ausnahm. Man sagt der Aligoté eine beißende Säureladung nach, die fast Emaille bersten lässt, und hat sie sogar schon als Ersatz für Zahnpasta empfohlen. Nicht minder rufschädigend ist ihre Verwendung im Aperitifgetränk Kir, in dem sie wegen ihrer Säure ein gutes Gegengewicht zum süßen Johannisbeerlikör bildet. Oz Clarke erkennt in ihr «frischen Buttermilchgeschmack» und einen «sehr belebenden Biss, der die oft apfelfrische Fruchtigkeit ausbalanciert». Bei der Buttermilch habe ich so meine Zweifel, aber ein Granny-Smith-

Herbstnebel über Volnay – Burgund von seiner faszinierendsten Seite.

Einschlag ist sicherlich in lebendiger Dosis vorhanden. Die saubere, kernige Frucht wird nach einem oder zwei Jahren in der Flasche etwas weicher.

Bouzeron verfügt seit kurzem über eine eigene Appellation für Aligoté. Zu verdanken hat die Gemeinde diese Klassifizierung einer Hand voll Winzer unter der Führung von Aubert de Villaine und seinem Nachbarn Chanzy. De Villaine lebt seit 1973 in Bouzeron und bereitet den wahrscheinlich besten Aligoté der Erde. Der Antrag der beiden auf Appellationserteilung wurde vom Bürgermeister des Dörfchens unterstützt, der zufällig auch Senator ist. Die Stöcke werden an zwei gegenüberliegenden, nach Ost bzw. West gerichteten Hängen mit insgesamt 80 Hektar Fläche kultiviert. Weitere 20 Hektar einer weniger guten Qualität befinden sich auf dem höher gelegenen Plateau. Die kalkigen Hänge ähneln dem Untergrund der Weinberge weiter nördlich, im Gegensatz zu diesem aber verfügen sie nur über eine dünne Oberbodenschicht. Das hemmt ebenso wie die Goblet-Erziehung, bei der die Stöcke in Pokalform geschnitten werden, den ansonsten viel zu kräftigen Wuchs der Aligoté-Reben. In normalen Jahren bilden die beiden

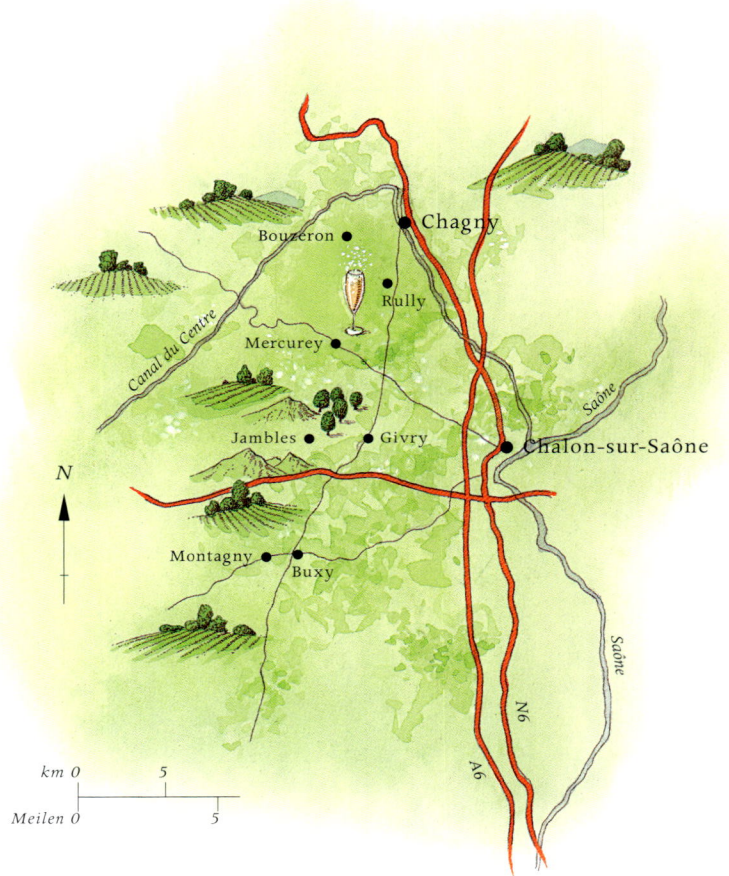

Hänge ein stilistisches Gegengewicht zueinander, wobei die Trauben von der Ostseite fülligere Weine liefern. Im Jahr 2001 allerdings wurden sie von einem Hagelsturm im August fast völlig vernichtet, sodass ein unausgeglichener Jahrgang auf den Markt kam.

DIE HERAUSFORDERER

Auch Rully, die nächste Ortschaft in nördlicher Richtung, hat ihre Besonderheiten. Seit über 150 Jahren ist sie für ihre Schaumweine bekannt. 1822 engagierten einige Landbesitzer den jungen François-Basile Hubert aus der Champagne, damit er ihre Weine zum Schäumen brachte. Schließlich, so sagten sie sich, seien sie aus derselben Traube wie Champagner bereitet. Die Tradition der Schaumweinherstellung hat sich seither erhalten, erlitt allerdings während der Weltwirtschaftskrise der 1930er-Jahre einen schweren Rückschlag. Warum Crémant de Bourgogne kaufen, wenn man echten Champagner fast geschenkt bekam? Nach dem Krieg begann sich ein gewisser André Delorme, der ein Mädchen aus der Champagne geheiratet hatte, wieder für die perlenden Tropfen zu interessieren. Er und sein Sohn Jean-François machten sich an die Gründung einer eigenen Firma, die Jean-François noch heute führt. Und sie hatten sich zum Ziel gesetzt, eine Appellation für Schaumweine durchzusetzen. 1975 waren ihre sechsjährigen Bemühungen von Erfolg gekrönt: Crémant de Bourgogne hatte eine eigene AOC. Der Begriff *crémant* ist jedoch etwas irreführend. Denn in der Champagne wird er für Perlweine mit dem halben Flaschendruck eines Champagner angewandt, ein Crémant de Bourgogne hingegen moussiert ebenso stark wie Champagner. Darüber hinaus bekundet er eine Charakterstärke und Weinigkeit, wie man sie bei Schaumweinen außerhalb der Champagne nur selten findet.

Auch die Stillweine haben bewegte Zeiten hinter sich. 1850 waren in Rully 600 Hektar mit Reben bestockt. Bis 1900 ging die Anbaufläche auf 250 Hektar zurück. Der Tiefpunkt war 1943 erreicht, als kaum die Hälfte der 88 verbliebenen Hektar Appellationsstatus hatte. Selbst Ende der 1960er-Jahre standen lediglich 100 Hektar für den Weinbau zur Verfügung – mittlerweile sind es immerhin wieder 200. Da viele Stöcke erst in jüngerer Zeit gepflanzt wurden, ist insbesondere bei den Roten mit weiteren Qualitätsverbesserungen zu rechnen. Derzeit allerdings fehlt es ihnen noch an echter Individualität. Dennoch können an den Osthängen Tropfen mit Biss und Tiefe entstehen. Den Wiederaufschwung verdankt Rully zu einem großen Teil seiner Reputation als Anbaugebiet für preiswerte, gute Weiße. Diesen Ruf hat in erster Linie Antonin Rodet gefördert, der Pächter des Château de Rully.

Mercurey ist als Appellation ein Ärgernis. Die Roten warten zwar mit guter Farb- und Geschmackstiefe auf und haben das, was Jean-François Bazin als «rustikale Noblesse» beschreibt. Und auch die seltenen Weißen verfügen über genügend Säure für eine lange Lebensdauer. Die besten Weine stammen aus einem Halbrund süd- und ostwärts gerichteter Hänge, die der ganze Stolz der Gemeinde sind. In dieser Sonnenfalle reifen Getränke von beachtlicher Finesse heran. Leider aber dürfen auch Machwerke von über 600 Hektar Rebfläche den Namen Mercurey tragen. Viele davon wachsen auf kalten, nassen und windigen West- und sogar Nordhängen.

Wenn man etwas über die besten Weine der Appellation wissen will, braucht man nur Michel Juillot und seinen Sohn Laurent zu fragen, der seines Vaters Redegewandtheit, Ungestüm und Winzertalent geerbt hat. Binnen drei Generationen gelang es der Familie, ihren Besitz von ganzen drei

---

Links und rechts: Burgunder hatten schon immer einen «grünen Daumen». An fast jedem Haus ranken sich Kletterpflanzen – es müssen nicht Reben sein – empor, die oft nur in einem einfachen Trog wurzeln.

DIE HERAUSFORDERER

Hektar im Jahr 1946 auf heute 50 Hektar auszuweiten – und das nur, weil so wenig andere das Potenzial der Weinberge zu schätzen wussten. Doch der Weg war steinig: «Die schwerste Last hat mein Vater getragen», meint Michel Juillot. Zum Glück sind heute viele der besten Lagen im Besitz von Faiveley und Rodet. Beide Firmen tragen das ihre dazu bei, die Qualität der Weine in der Gemeinde zu verbessern.

Die kleinste der fünf Gemeindeappellationen ist Givry. Sie verfügt über 280 Hektar Weinberge – eine nicht gerade riesige Anbaufläche, aber trotzdem fast dreimal so groß wie noch Ende der 1970er. Seit dieser Zeit hat sich der Bereich zu einer Quelle etwas unpersönlicher, doch immer verlässlicherer Weine mit gutem Preis-Leistungs-Verhältnis gemausert. Das ist den intensiven Bemühungen der Winzer zu verdanken, aber auch der Aufnahme einiger respektabler Weinberge der westlich von Givry gelegenen Gemeinde Jambles in die Appellation. Die meisten Erzeugnisse werden direkt an französische Kunden verkauft, da Händler nie allzu viel für Givry übrig hatten.

Montagny ist die südlichste der fünf Appellationen. Sie liegt etwas abseits von ihren vier Schwesterngemeinden.

Obwohl viele ihrer Weinberge zu hoch eingestuft sind, erinnern die Spitzenreiter der Gemeinde – füllige, mineralische Tropfen – an die besten Gewächse aus Mâcon weiter südlich. Montagny ist vor allem dafür bekannt, dass eine Genossenschaft das Sagen hat, die wie so viele Betriebe dieser Art kein besonderes Interesse an ihren Erzeugnissen zeigt.

Zu den enttäuschendsten Anbaugebieten Frankreichs gehört das Mâconnais. Die Gegend um die Stadt Mâcon schöpft ihr Potenzial bei weitem nicht aus. Sie hat mit ihrer angenehm abwechslungsreichen Landschaft einen ländlicheren Einschlag als das von Monokultur geprägte Herz Burgunds weiter nördlich. Die Hänge sind steiler, die Dörfer malerischer, die natürlichen Amphitheater aus Weinbergen noch spektakulärer als etwa in Mercurey oder Bouzeron. Wie das restliche Burgund kann das Mâconnais auf eine von der Geistlichkeit geprägte Entwicklung zurück-

---

Ein schmuckes Häuschen inmitten nicht minder gut gepflegter Reben. Im Hintergrund die Route des vins, *die Weinstraße.*

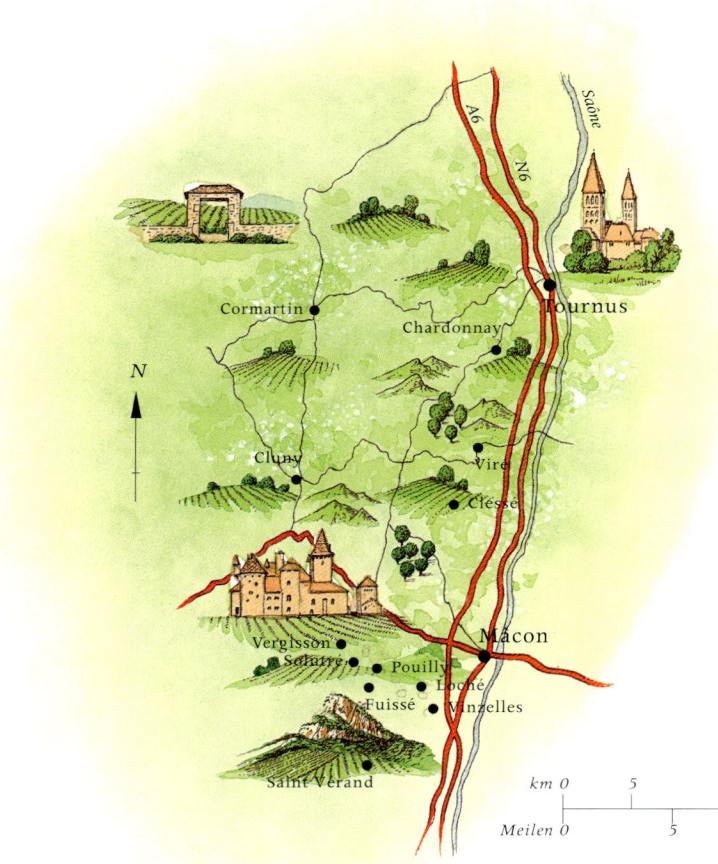

blicken. So wurden die Weine von dort etwa von den Mönchen in Cluny sehr geschätzt.

Das Weinbaugebiet Mâconnais hat heute mit 6000 Hektar Rebfläche nur noch ein Drittel der Ausdehnung vor der Reblausinvasion, als die Gamay-Weine unter der Bezeichnung Grands Ordinaires de France in den Handel gelangten. Ein Großteil der Region wirft mittelmäßige Genossenschaftsweine auf den Markt. Am Südrand des Bereichs in der Nähe von Mâcon hat sich eine komplexe Konstellation aus Appellationen gebildet, deren Weinberge von den beiden Gesteinsformationen Solutré und Vergisson überragt werden. Solutré ist der spektakulärere und bekanntere Fels – bekannt vor allem, weil in grauer Vorzeit der Cro-Magnon-Mensch hier hauste und einige Werkzeuge zurückließ. In der neueren Vergangenheit bestieg Präsident Mitterrand alljährlich Solutré zu Ostern mit einer Schar ausgewählter Jünger. Bessere Weine reifen allerdings an den Hängen des Vergisson heran, da sie in den Genuss einer Süd- und Ostausrichtung kommen. Andernorts in der Umgebung hat man die Reben sogar an Nord- und Westhängen gepflanzt, weshalb sie kaum je richtig ausreifen. Warum diese Lagen überhaupt Appellationsstatus haben? Keine Ahnung.

Das Glamourgirl des Mâconnais ist Pouilly-Fuissé. Die Appellation sonnte sich in den 1970ern kurzzeitig im Ruhm, als die Hälfte der Produktion in die Staaten verschifft wurde. Die US-Amerikaner hatten allerdings bald die Nase voll von den überschwefelten, unausgewogenen Flüssigkeiten eines Anbaugebiets, das sich weigerte, die besten Lagen als Premiers crus auszuweisen, weil es in seiner Vermessenheit alle Weinberge für gleich hervorragend hielt. Dennoch gibt es auch hier Erzeuger, die aus dem Mittelmaß herausragen. Dazu zählen Jean-Jacques Vincent vom Château de Fuissé und sein Cousin Frédéric Burrier vom Château de Beauregard. Ihre besten Gewächse werden in sorgfältig ausgewählten Hölzern vergoren und ausgebaut, sodass sie echten Charakter annehmen.

Ein relativer Newcomer in der Riege der AOC-Bereiche ist Saint-Véran an der Grenze zwischen dem kalkigen Mâconnais und dem von Granit geprägten Beaujolais. Der Bereich erhielt erst 1971 Appellationsstatus, hat sich aber bereits einen Namen mit verlässlicher Qualität gemacht, obwohl die Stöcke noch jung sind und die Weine sich daher in den nächsten zehn Jahren weiter verbessern werden. Vor allem der Südhang Les Terres Noires erlangt zu Recht immer größere Bekanntheit. Im Schatten von Saint-Véran liegen zwei Nachbarappellationen: die winzige, relativ unbekannte AOC Pouilly-Vinzelles und Pouilly-Loché. Jede wird in ihrer Entfaltung von einer schwerfälligen Genossenschaft gehemmt. In Viré-Clessé im Norden hingegen hat die Koope-rative die Entwicklung positiv beeinflusst. Ihre Direktoren waren hartnäckig genug, um die Verleihung des Appellationssiegels für ihren Bereich durchzusetzen, aber auch offen für Veränderungen. So schickten sie ihre Mitarbeiter nach Großbritannien, damit sie sich auf dem internationalsten Weinmarkt der Erde über das Geschäftsgebaren der Konkurrenz informieren konnten.

Keine, aber auch wirklich keine Appellation im Mâconnais kann für sich in Anspruch nehmen, ihre Weine seien so gut, wie sie sein sollten. Dennoch gibt es überall Enthusiasten, die zeigen, was möglich ist. Sie keltern frische, fruchtige Rote aus der Gamay und vor allem tiefgründige, charaktervolle Weiße aus der allgegenwärtigen Chardonnay.

Die Triebe der Reben dürfen nicht mit dem nassen Boden in Berührung kommen.

KAPITEL SECHS

DIE «ANDEREN» BURGUNDER

Zwei grosse Anbaugebiete bilden die Aussenposten der Region Burgund. 100 Kilometer nordwestlich der Côte d'Or liegt Chablis, ein kompakter Bereich mit sanft abfallenden Hängen am Fluss Serein. Hier entstehen köstlich frische, fast stahlige Weisse aus der unumgänglichen Chardonnay. Leider wurde die Rebfläche in den letzten Jahren zu stark ausgeweitet, sodass nun minderwertige Weine dem Ruf der Appellation schaden. Im Süden erstreckt sich zwischen Mâcon und Lyon der Anbaubereich Beaujolais. Er hat sich auf frische, fruchtige Tropfen aus der Gamay spezialisiert, die so gut wie nirgendwo sonst auf der Welt kultiviert wird. In den 1960er-Jahren wurde das Beaujolais als Heimat des Beaujolais Nouveau berühmt, eines Erfrischungstrunks, der schon wenige Monate nach der Lese genussreif ist. Dabei hat die Gegend auch Gewächse zu bieten, die ihre Frische und charakteristische Frucht jahrelang bewahren. Sie stammen vor allem aus den zehn Crus, den einzelnen Dörfern, die auf dem Etikett ihren eigenen Namen nennen dürfen.

BURGUND UND SEINE WEINE

Zum Weinland Burgund werden zwei Anbaugebiete gezählt, die das Kernland flankieren. Ihre grundverschiedenen Erzeugnisse veranschaulichen die enorme Bandbreite der Region. 100 Kilometer nordwestlich von Dijon liegt Chablis, das feine Weiße mit Feuersteincharakter aus der allgegenwärtigen Chardonnay bereitet. Und direkt südlich an das Mâconnais grenzt das Beaujolais; die Rebflächen der beiden Gebiete vermischen sich im Grenzbereich miteinander. Im Beaujolais reifen auf dem in Burgund ansonsten nicht anzutreffenden Granitboden ganz andere Weine heran als in Chablis.

Das Beaujolais ist der einzige größere Weinbaubereich der Erde, in dem Weine aus der fruchtigsten aller Trauben, der Gamay rouge à jus blanc, gekeltert werden, wie sie mit vollem Namen heißt. Die «rote Gamay mit weißem Saft» stammt aus Dalmatien und wurde vom römischen Kaiser Probus nach Burgund gebracht. Sie ist weitaus saftiger und ertragreicher als die Pinot noir und hat insbesondere einen sehr viel geringeren Gerbstoffgehalt als jede andere bedeutende rote Rebsorte. Das macht die Weine zugänglicher, verringert aber auch ihre Alterungsfähigkeit. Die Gamay wird

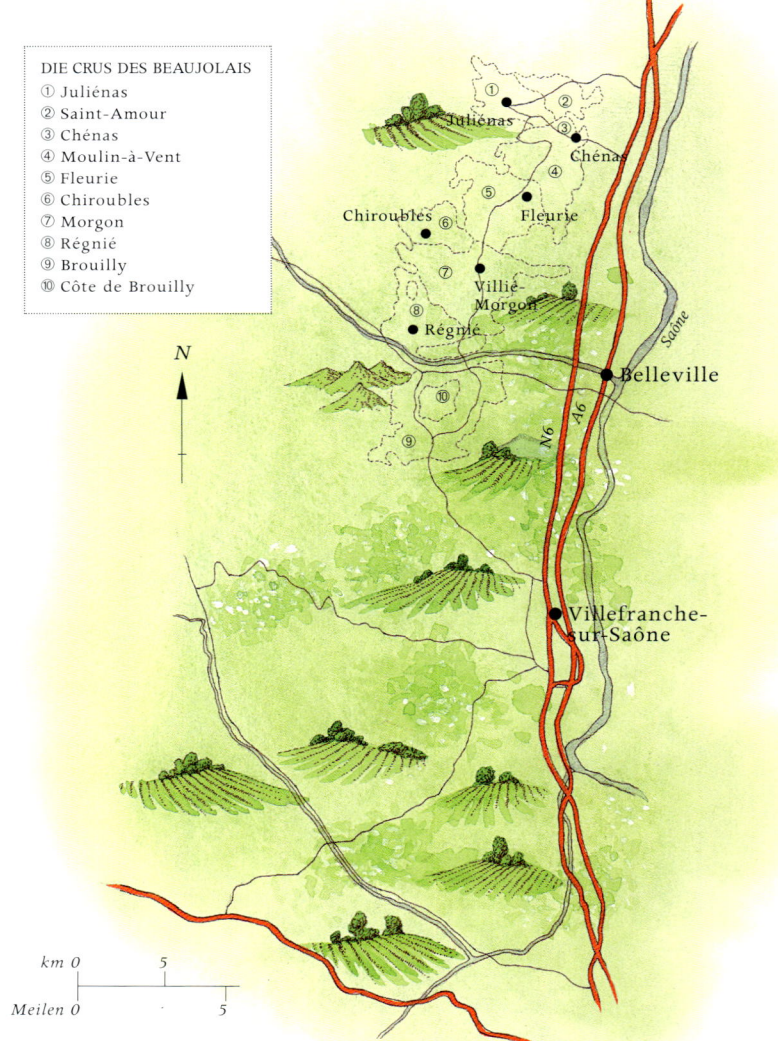

DIE CRUS DES BEAUJOLAIS
① Juliénas
② Saint-Amour
③ Chénas
④ Moulin-à-Vent
⑤ Fleurie
⑥ Chiroubles
⑦ Morgon
⑧ Régnié
⑨ Brouilly
⑩ Côte de Brouilly

also in der Regel unterschätzt, da die Weinwelt auf Gewächse fixiert ist, die sich über das bei ihr übliche Fünfjahreslimit hinaus lagern lassen. Allerdings müsste die Traube eigentlich vom jüngsten Run auf fruchtige Tropfen profitieren, denn keine andere wartet mit mehr Frucht auf. Nur eine Minderheit feiner Beaujolais-Erzeugnisse bekundet gute Alterungseigenschaften. Die Frucht dieser Kreszenzen wird mit der Zeit sogar noch intensiver und konzentrierter. Trotz alledem entwickeln sogar die besten Vertreter nicht jene tiefen, subtilen Sekundäraromen, die manchen gereiften Tropfen aus «edleren» Rebsorten eigen sind.

Es gibt übrigens auch einen weißen Beaujolais. Er fristet allerdings ein klägliches Schattendasein – zu Unrecht, denn die geringen Mengen dieses lebendigen, apfelfruchtigen Chardonnay aus einem Bereich an der Grenze zum Mâconnais im Norden des Beaujolais und von einigen Kalkgründen im Süden der Appellation verdienen mehr Beachtung.

Geologisch besteht das Beaujolais aus zwei deutlich unterscheidbaren Hälften. Im Süden von Villefranche prägt eine Kalk-Ton-Mischung den Boden. Nach Norden zu in Richtung Mâcon werden die Hänge steiler, die Böden

granit- und schieferhaltiger und die oberhalb des Saône-Tals an die Bergflanken geschmiegten Dörfer malerischer. Im Norden und nur dort findet man auch die höherwertige Appellation Beaujolais-Villages, die seit 50 Jahren versucht, sich vom «gewöhnlichen» Beaujolais im Süden abzuheben – in der Regel auch mit Erfolg. Trotzdem neigen die Erzeuger von Beaujolais-Villages-Weinen wie ihre Kollegen weiter südlich zur Überproduktion: Sie holen durchschnittlich 62 Hektoliter aus jedem Hektar Rebfläche heraus. Das ist die rechtlich zulässige Obergrenze und übersteigt eindeutig die Menge, aus der sich noch konzentrierte Tropfen bereiten lassen. Nicht ganz so hemmungslos sind da die Winzer aus den zehn Dörfern, die alle im Norden liegen, ausnahmslos in den Tälern mit den steilsten Hängen zu finden sind und jeweils ihre eigene Appellation haben. Ihre Gewächse zeigen die Tiefe, die man von einem auf Granitböden herangereiften Wein erwartet. Manche nehmen sogar einen Holzeinschlag vom Fass an.

Leider hat die Gamay – und damit der Beaujolais – nie ganz das Terrain zurückerobert, das sie verloren hatte, nachdem Herzog Philipp der Kühne die Traube aus Burgund verbannt hatte. Seine heutige Karriere begann der Beaujolais als bescheidener Tischwein in den Bistros von Lyon. Noch nach dem Krieg brachte der Anbau von Weißen Rüben mehr ein als der von Reben. Und in den 1960er- und 70er-Jahren erlangten nicht die zehn Crus Ruhm, sondern der Beaujolais Nouveau – praktisch der einzige Wein, der sofort nach der Gärung trinkreif ist. Er empfiehlt sich nach wie vor als der beste Traubensaft für gemütliches Zechen an düsteren November- und Dezembertagen. Für seine Verbreitung sorgten in den 1960er-

---

Der September in einer Darstellung aus dem 15. Jahrhundert, eines von insgesamt zwölf Wandbildern in der Kirche von Bagnot, die für jeden Monat des Weinjahres stehen. Auf diesem Bild zerstampft ein Bauer Beeren in einem Bottich.

Jahren Pariser Journalisten, die Bekanntschaft mit ihm gemacht hatten, als sie vor den deutschen Besatzern nach Lyon geflohen waren. Zusätzlich angekurbelt wurde der Verkauf durch einen Preis für das beste Bistro, das Beaujolais ausschenkte. Gestiftet hatte ihn die Académie Rabelais, eine kleine Gruppe Pariser Gastronomen und Journalisten, die sich in Brouilly trafen. Zur gleichen Zeit prägte Louis Orizet, ein hochrangiger Beamter, der die Region liebte und besser verstand als irgendjemand sonst, den berühmten Ausspruch: «Le Beaujolais Nouveau est arrivé» – der Beaujolais Nouveau ist da.

Mitte der 1970er-Jahre wurde der Beaujolais in London zum Hit, nachdem ein erfinderischer Journalist namens Alan Hall einen Wettbewerb organisiert hatte, bei dem der erste Wein eines Jahrgangs nach London zu bringen war. Heute ist die Modewelle abgeklungen, denn zum einen hat man sich zu sehr an den Geschmack gewöhnt und zum anderen gelangten Massen beißender Weine auf den Markt. Gleichwohl hat sich der Brauch, die Ankunft des neuen Jahrgangs zu feiern, in aller Welt verbreitet. Die Verkaufszahlen für Beaujolais Nouveau sind in die Höhe geschnellt: Sie stiegen zwischen 1970 und 1986 von 100 000 auf 576 000 Hektoliter – das ist mehr als die Hälfte der Gesamtproduktion im Beaujolais. Diese Entwicklung hatte zwar für die Erzeuger Vorteile, verschleiert jedoch das eigentliche Potenzial der Region.

Dabei ist jeder Beaujolais eine schwere Geburt – allen voran der Beaujolais Nouveau, eigentlich der einfachste Wein auf Erden. Trotz 20-jähriger Bemühungen sind alle Versuche einer Maschinenlese fehlgeschlagen. Selbst die ausgeklügeltsten Geräte verletzen die Beerenschale. Jeder Beaujolais wird in drei Lagen vergoren. Am Boden des Gärbehälters schwimmt der Saft von dem Lesegut, das als Erstes mitsamt den Stielen hineingeleert wurde. Daher rührt auch der manchmal vegetabile, grüne Oberton, der in schlecht gemachtem jungem Beaujolais viel zu ausgeprägt ist. Da die Flüssigkeit nur im unteren Drittel des Behälters liegt, müssen Hefen zugegeben werden, die die Gärung einleiten. Den mittleren Teil des Behälters nehmen Trauben ein, die gerade aufbrechen. Und die oberste Lage bilden unversehrte Beeren, die von Kohlensäure aus den unteren Schichten umschlossen werden und jede für sich eine interne Gärung

durchlaufen. Durch diese Kohlensäuremaischung unter Luftausschluss kann der Saft seine Fruchtigkeit bewahren – was bei einem Wein, der sofort nach der Vinifikation trinkbar sein soll, auch oberstes Gebot ist.

Beaujolais mag ein reiner Durstlöscher sein, doch in den zehn Crus können Qualitätstropfen mit Charakter heranreifen. Einen Platz unter den Besten nimmt der Moulin-à-Vent ein. Er wird gern als Zwischending zwischen Burgunder und Beaujolais beschrieben. In seiner besten Ausprägung gerät er tiefgründiger und langlebiger als jeder Beaujolais. Von ihm überschattet wird die viel kleinere Lage Chênas. Ihre Weine entwickeln in den Händen von Weinbauern wie Pierre Perrachon vom Château Bonnet Anklänge an gekochte Kirschen. Aber auch alle anderen Crus haben ihre Besonderheiten: Fleurie bietet sich für unbeschwerten Trinkgenuss an, Juliénas verströmt angeblich ein Pfingstrosenaroma – ich mache Himbeeren in ihm aus –, Morgon lässt einen an Kirschgeist erinnernden Oberton erkennen und

---

Ganz links: *Die Beeren werden behutsam mit Fungiziden bestäubt.*
Links: *Das Ergebnis: makellose Trauben.*

Chiroubles, einer der aromatischsten Beaujolais, wartet mit Himbeer- und Veilchennuancen auf. Weine aus Brouilly wiederum, deren Rebflächen an den Hängen des gleichnamigen Hügels liegen, verwöhnen mit roten Früchten. Der beste Vertreter, der unterbewertete Côte de Brouilly, stammt von süd- und ostwärts gerichteten Weinbergen und macht mit einem deutlichen mineralischen Einschlag auf sich aufmerksam, was auf den mageren Ober- und Unterboden zurückzuführen ist. Unter den Fittichen guter Winzer wie Nicole Chanrion von Les Crozes oder Claude Geoffray im schönen Château Thivin reift er zu einem ernst zu nehmenden Tropfen von großer Geschmackstiefe heran. Eher dem aktuellen Modegeschmack entspricht wiederum der Saint-Amour, ein pfirsichfruchtiger Wein, der von Aromen frischer Roter Johannisbeeren überlagert wird. Der jüngste der zehn ist der nach wie vor umstrittene Régnié. Er bekam erst 1988 Cru-Status verliehen. Bis dahin kannte man die Gemeinde in erster Linie als Herkunftsort des besten Beaujolais-Villages. Selbst heute noch zögern die Händler, Régnié anzubieten. Und in der Tat ist er kein besonders langlebiger Wein, allerdings angenehm frisch und in der Jugend spritzig-fruchtig.

Der Beaujolais Nouveau mag Segen und Fluch in einem sein, Georges Dubœuf hingegen hat sich für die Region als echter Heilbringer erwiesen. In Frankreich dominiert keine Persönlichkeit ein Anbaugebiet so wie er. Seine größten Stärken sind sein bemerkenswerter Gaumen, seine sanfte Art zu überzeugen und seine scheinbare Bescheidenheit. So behauptet er etwa, sein Unternehmen sei lediglich «zusammen mit Beaujolais groß geworden». Als Sohn eines kleinen Winzers im Mâconnais begann Dubœuf seine Karriere zunächst als Zwischenhändler. Er verzeichnete erste Erfolge als Verkäufer seiner eigenen Erzeugnisse und der seines Nachbarn an Paul Blanc, den Besitzer des berühmten Restaurants Chapon Fin im nahen Thoissey. Ende der 1950er-Jahre hatten die besten Restaurants der Region und eine Hand voll Pariser Journalisten wie Raymond Baudoin bereits seinen Ruf als zuverlässiger Lieferant der besten Weine aus dem Beaujolais in die Welt hinausgetragen.

Vor der Mechanisierung der Kellerarbeit mussten die Beeren in einer Tretmühle zerdrückt werden, wie hier auf einer Postkarte aus dem Beaujolais zu sehen.

DIE «ANDEREN» BURGUNDER

Les Vendanges
PRESSURAGE – Le Fouloir

Dubœuf arbeitete sich geschickt zum größten Händler feiner Beaujolais-Weine empor, wobei er immer die einzelnen *terroirs* respektierte. Im Gegensatz zu Kollegen nicht nur im Beaujolais, sondern in ganz Frankreich knüpfte er partnerschaftliche Beziehungen zu unzähligen Erzeugern auf der Grundlage der *vigneronnage*, einer lokalen Variante von Teilpachtverträgen. Denn Dubœuf war stets mehr als ein bloßer Käufer: Er, sein Sohn Franck und sein Team stehen einer immer größeren Zahl von Winzern als Berater und Freunde zur Seite.

Beaujolais und insbesondere die einfache Appellation wurde im Lauf der Jahre viel zu sehr zum Synonym für Beaujolais Nouveau. Dabei bemühen sich die Erzeuger des Beaujolais weit mehr als ihre Kollegen in anderen burgundischen Anbaugebieten um eine Verbesserung ihres Rufs und der Qualität ihrer Weine. Gute Dienste leistete dabei ein seit 30 Jahren ausgetragener Wettbewerb, der Salon des Deux

Rechts: *Die kleinsten Trauben sind zuweilen die allerfeinsten.*
Ganz rechts: *Die Weinlese in Burgund ist wie überall auf der Welt knochenharte Arbeit.*

Bouteilles. Er findet alljährlich Anfang Dezember in Villefranche statt und ähnelt einem groß angelegten Dorffest, bei dem Scharen von Kindern Unmengen von Crêpes verdrücken. Im Jahr 2001 verkosteten 900 Degustatoren über 3000 Weinproben, um die besten Weine aus dem letzten sowie aus älteren Jahrgängen zu bestimmen. Dieses Ereignis ist nicht nur eine ausgezeichnete Werbeveranstaltung für die Flaggschiffe der Region, sondern auch eine Gelegenheit für die Winzer, zu sehen, was man aus der kostbaren Gamay alles machen kann.

Derzeit versucht die Union Interprofessionelle des Vins de Beaujolais (UIVB) das heikelste Problem des französischen Weinbaus anzugehen: Wie erreicht man, dass nur gut gemachte, für die Region typische Weine mit dem offiziellen Siegel auf den Markt kommen? Bislang scheuten die Verkoster davor zurück, Weine abzulehnen, weil sie wussten, dass dies den finanziellen Ruin für ihren Erzeuger bedeuten würde. Deshalb ersann die UIVB ein System, wonach Weine, denen dreimal das «Siegel» versagt wird, zu Industriealkohol verarbeitet werden, der Weinbauer aber trotzdem den Preis bekommt, den er bei einem regulären Verkauf erzielt

BURGUND UND SEINE WEINE

hätte. Eine anschließende fachliche Beratung soll ihm helfen, die Qualität seiner Produkte im nächsten Jahr zu steigern. Ist zwölf Monate später keine nennenswerte Verbesserung zu erkennen, kommt der Wein erneut in die Destillieranlage, und diesmal erzielt der Winzer einen weitaus schlechteren Preis.

Und was tut Duboeuf, um seine Reputation und die seiner Region zu verbessern? Mit nunmehr 68 Jahren gibt er allmählich die Führung des Unternehmens ab, um sich auf die Erzeugung eines Super-Beaujolais zu konzentrieren – vor allem von Trauben aus seiner geliebten Lage Moulin-à-Vent.

Chablis ist im Grunde eine unkomplizierte Sache: Der Weißwein soll aus der Chardonnay gekeltert werden und auf dem kalkig-tonigen Boden der Hänge über dem Fluss mit dem passenden Namen Serein, zu Deutsch «be-

Ein Postkartenmotiv aus Chablis mit Lesehelfern bei der Arbeit. Im Hintergrund die für die Appellation typischen, sanften Hänge.

schaulich», heranreifen. Die besten Vertreter sollen in einem Grünton ähnlich feinem Olivenöl schimmern und sich am Gaumen bei guter Geschmackstiefe, einer Feuersteinnote sowie einem stahligen Rückgrat lebendig und mineralisch entfalten. Dabei sollen sie von konzentrierter Frucht getragen, aber nicht erschlagen werden. Fast scheint es, als hätte die Natur diesen Wein speziell als Begleiter für Austern und andere Schalentiere geschaffen. Das einzige Problem: Soll man Chablis in Eiche ausbauen oder nicht? Viele stimmen mit Anthony Hanson überein, dass der Einsatz von Holz und insbesondere neuer Eiche die natürlichen Charaktereigenschaften des Weins verschleiere und ihn zu «einem unter vielen» weißen Burgundern degradiere, wenn auch einen von hervorragender Qualität. Ich hingegen bin der Ansicht, dass der Ausbau in neuer Eiche unerlässlich ist, um das volle Aromapotenzial eines Weins zur Entfaltung zu bringen und ihm eine Alterungsfähigkeit von bis zu zehn Jahren mitzugeben, wie es bei Chablis der Fall ist.

Das Anbaugebiet litt von jeher bitter unter zwei Plagen: Frost und Etikettenschwindel. Chablis liegt so weit nördlich, dass Frühjahrsfröste eine jährlich wiederkehrende Gefahr darstellen und einen ganzen Jahrgang vernichten können. Die Einheimischen versuchen sich mit großem Aufwand gegen die Eiskälte zu wappnen. Sie beregnen die Stöcke, stellen Heizgeräte in den Weinberg und überfliegen die Reben sogar mit Hubschraubern, damit die Luft zirkuliert. Zum Thema Etikettenschwindel meinte Hanson: «Chablis ist für Wein, was Corot für die Malerei ist: Drei von vier sind nicht echt.» Zwar wurde durch strengere Gesetze nun dafür gesorgt, dass zumindest in Europa nicht mehr jeder x-beliebige kernige Weiße als Chablis in Umlauf gebracht werden kann. Dafür leidet die Reputation der Reben mittlerweile unter hausgemachten Problemen: einem zu stark ausgeweiteten Anbaugebiet und zu hohen Erträgen, die die durchschnittliche Qualität der Weine aus dieser Region verwässern.

Die Geschichte von Chablis spiegelt im Kleinen die von Burgund wider. Die Römer erschlossen das Gebiet und nannten es *villa*. Später lagen die Geschicke des Gebiets in der Hand der Kirche, allen voran der Abtei von Pontigny. Dieser Ableger des Hauses Cîteaux besaß einen Großteil des «historischen» Chablis, auf dessen Hängen nun die Grands crus und Premiers crus heranreifen. Die Mönche hatten fast ein Monopol auf die für die Weinerzeugung unverzichtbaren Kelterpressen. Nach der Revolution verteilte man die Weinberge unter den Einwohnern, sodass die Region nicht in die Hände weniger Großgrundbesitzer fiel. Zum Glück machte die schon 1923 gegründete Genossenschaft La Chablisienne vor, wie man gute, regionaltypische Weine erzeugt. Sie bereitet heute bis zu einem Drittel der Appellationsweine.

Der Boden des historischen Chablis setzt sich aus Kimmeridgium-Kalk zusammen. Er wurde nach den Krei-

Oben: *Schnittabfall von Reben duftet oft sehr aromatisch. Er eignet sich hervorragend zum Grillen.* Rechts: *Die Asche verbrannter Reben gibt einen hervorragenden organischen Dünger ab.*

defelsen der Kimmeridge Bay in Dorset an der englischen Südküste benannt. Die 111 Hektar Grands crus, genannt «Les Sept Sages», die sieben Weisen, liegen in der Gemeinde Chablis am rechten Ufer des Serein. Sie profitieren vom ausgezeichneten kalkigen *terroir* und der Ausrichtung nach Südosten, die für ein Ausreifen des Leseguts in einem so weit nördlich gelegenen Anbaugebiet von allergrößter Bedeutung ist. Die Qualität der Weinberge allerdings leidet unter dem typisch burgundischen Problem der extremen Zersplitterung. Allein die Grands crus sind in 400 Parzellen aufgeteilt.

Seit 1923 bemühen sich einige Winzer von Chablis um die Ausweitung des Bereichs auf eine neue Zone, wo die Reben auf anderen Böden als Kimmeridgium heranreifen könnten. Außerdem machte man sich für die Zulassung anderer Rebsorten stark, etwa der Aligoté. Diese Forderungen wurden in den 1960er-Jahren lauter, als die Nachfrage nach Wein und damit der Bedarf an neuen Rebflächen stieg. Als personifiziertes Für und Wider standen sich die beiden Wortführer der gegnerischen Lager gegenüber, die zwar beide aus Chablis stammten, doch nicht im Entferntesten dem traditionellen Bild des Weinbauern entsprachen. William Fèvre, ein brillanter Beamter, der gerade eines der besten Güter in der Region aufbaute, lehnte eine Ausweitung ab, während der ehrgeizige Jean Durup, ein in Paris arbeitender Wirtschaftsprüfer, sich für die Expansion einsetzte. Seine Fraktion argumentierte, dass früher viele Chablis-Reben auf einem von Portlandkalk dominierten *terroir* gewachsen seien.

1976 setzte sich Durup durch. Ein Großteil des Bereichs um sein Heimatdorf Maligny, ehemals Teil der Appellation Petit Chablis, wurde aufgewertet und Chablis zugeordnet. Zudem wies man trotz eines Einspruchs des Fèvre-Lagers 1562 Hektar als Petit Chablis aus, von denen allerdings nur 200 Hektar tatsächlich bestockt wurden. Obwohl die Behörden versuchten, eine Qualitätsbeeinträchtigung durch Pflanzungsbeschränkungen zu verhindern, hatten sie eine unheilige Entwicklung in Gang gebracht. Zwischen 1970 und 1990 vervierfachte sich die Anbaufläche von 756 auf 3500 Hektar, während die erzeugte Menge infolge moderner Anbaumethoden sogar um das Fünffache auf 26 Millionen Flaschen stieg. Damit gehört Chablis zu den wenigen französischen Appellationen, die derzeit beträchtlich größer als vor der Reblausinvasion sind.

Auch viele Premier-cru-Lagen wurden erweitert; sie sind heute größer, verstreuter und vielfältiger, als sie waren und sein sollten. Dennoch bereitet eine kleine Gruppe von Gütern unter der Führung von Fourchaume, Montée de Tonnerre, Mont de Milieu und Vaulorent Kreszenzen, welche über jede Kritik erhaben sind – ja, manche Tropfen von Fourchaume nehmen es in ihrer Delikatesse und Konzentration sogar mit den besten Grands crus auf. Vor kurzem haben sich viele Spitzenerzeuger zusammengetan und eine Qualitäts-Charta erstellt. Mit deren Hilfe – und mit etwas Glück – lässt sich der gute Ruf des zuweilen großartigen Chablis vielleicht wieder herstellen.

Klassische Herbstlandschaft in Burgund. Die Wege sind äußerst schmal, denn das Land ist für behäbige Straßen viel zu wertvoll.

NÜTZLICHE INFORMATIONEN

In Burgund gibt es Hunderte von Händlern und Genossenschaften sowie mehrere tausend Güter. Eine Auswahl ist also zwangsläufig von persönlichen Erfahrungen und Vorlieben geprägt. In der nachfolgenden Liste habe ich versucht, die gesamte Region abzudecken, wobei ich eine Reihe kleinerer Händler ebenso aufgenommen habe wie bekannte Namen. Bei den Gütern habe ich mich auf jene konzentriert, die Weine aus mehreren Appellationen anbieten (eine vollständige Liste der Appellationen und Grands crus folgt am Schluss dieses Anhangs). Obwohl die Gewächse einiger führender Erzeuger aufgrund ihrer Preise und geringen Mengen wohl nur von wenigen glücklichen Auserwählten genossen werden, darf man diese Spitzengüter keinesfalls außer Acht lassen. Denn schließlich sind sie die Renommierbetriebe Burgunds.

AUSGEWÄHLTE HÄNDLER

JEAN-CLAUDE BOISSET   Der gebürtige Burgunder hat sich ein Sortiment bekannter Marken zugelegt, indem er verarmte Händler aufgekauft hat. Dazu zählen Bouchard Aîné et Fils (nicht zu verwechseln mit Bouchard Père et Fils), Jaffelin und Mommessin. Die meisten Weine sind ausdruckslose, gefällige, aber gut gemachte Tropfen. Mittlerweile bemüht sich Boisset, auch bessere Gewächse anzubieten.

BOUCHARD PERE ET FILS   Eine Firma mit langer Tradition. Ihr gehören die größten und auch einige der besten Güter an der Côte d'Or. Seit der Übernahme durch Joseph Henriot (siehe S. 70–71) hat Bouchard die Führung bei der Bereitung von Qualitätsweinen übernommen, die ihre sehr vielfältigen *terroirs* zum Ausdruck bringen. Auch William Fèvre in Chablis gehört zu Bouchard.

CHAMPY   Der älteste Händler in Burgund. Er kann Preislisten aus dem Jahr 1720 nachweisen. Im letzten Jahrhundert drückte der Firma lange Zeit ein gewisser M. Mérat seinen Stempel auf. Er war Hanson zufolge «ein Autogrammsammler, Polospieler und Kavallerieoberst … und sorgte dafür, dass in seinen Büroräumen und Kellern aus dem Second Empire eine gewisse nostalgische Atmosphäre überlebte.» 1990 wurde Champy vom respektablen Broker Henri Meurgey aufgekauft. Zu Meurgey gehört ferner DIVA, ein Exportunternehmen, das verlässliche Erzeugerabfüllungen von 200 Gütern vertreibt.

ANDRE DELORME   Ein Händler mit Sitz in Rully, der bekannteste Lieferant von Crémant de Bourgogne. Er ist für seine exzellenten Weißen von der Côte Chalonnaise bekannt.

JOSEPH DROUHIN   Der Gründer erwarb 1880 ein altes Handelshaus. Seither hat das Unternehmen stetig expandiert, vor allem nachdem die Leitung 1957 von dem damals 23-jährigen Robert Jousset-Drouhin übernommen wurde. Drouhin verfügt nicht nur über beträchtlichen Besitz an der Côte d'Or, sondern auch über 30 Hektar in Chablis, darunter viele Premiers crus. Die Firma bereitet und vertreibt den besten trockenen Weißen der Erde, den Montrachet vom Marquis de Laguiche. Sie wird seit einiger Zeit von einem japanischen Importeur kontrolliert, was sich aber nicht auf die Weinqualität ausgewirkt hat.

GEORGES DUBŒUF Der zweifellos renommierteste Beaujolais-Händler (siehe auch S. 128-133).

FAIVELEY Ein respektables Familienunternehmen mit Sitz in Nuits-St-Georges, das einige Weinberge an der Côte d'Or besitzt. Die größte Leistung des derzeitigen Eigentümers François Faiveley ist die Erzeugung überaus feiner Weine von den Besitzungen der Firma in den besten Lagen von Mercurey.

VINCENT GIRARDIN Das Unternehmen mit Sitz in Santenay ist wie Olivier Leflaive ein relativer Newcomer. Girardin besteht auf niedrigen Erträgen und vinifiziert selbst.

LOUIS JADOT Eines der wenigen Unternehmen, die groß und gleichzeitig gut sind. Es füllt jährlich 700 000 Kisten ab, das meiste davon verlässliche Massenweine aus der ganzen Region. Louis Jadot ist unter anderem im Beaujolais, wo ihm das beste Gut in Moulin-à-Vent gehört, und an der Côte d'Or aktiv. Das 1859 gegründete Unternehmen wurde vom Ende des Zweiten Weltkriegs bis 1993 von André Gagey hervorragend geführt. Dann übernahmen sein Sohn Pierre-Henri und der Weinmacher Jacques Lardière die Leitung des Betriebs. Er gehört seit 1985 dem US-Importeur Kobrand, was sich allerdings nicht nachteilig auf die Qualität der Weine ausgewirkt hat. Vielmehr flossen massive Investitionen aus den Staaten in das Unternehmen, unter anderem für den Bau einer neuen Kellerei in Beaune.

LABOURE ROI Ein renommiertes Haus in Nuits-St-Georges, das viele Weinberge besitzt. Es gehörte zu den Ersten, die Partnerschaften mit den Winzern begründeten. Ergebnis: Die Weine schmecken nach der Gemeinde, aus der sie stammen.

LOUIS LATOUR Das einzige Haus der «Großen Fünf», das sich noch in Familienhand befindet. Die Weißen insbesondere aus Corton sind Musterbeispiele ihrer Art. Ganz anders die Roten: Sie werden zur Stabilisierung pasteurisiert, was die Entwicklung ihrer Aromen hemmt und bei Anwendung moderner Vinifikationsmethoden völlig unnötig wäre. Leider ist der Leiter jedoch der Auffassung, dass die Weinbereitung in Burgund im 18. Jahrhundert ihren Höhepunkt erreichte.

OLIVIER LEFLAIVE In den vergangenen 18 Jahren hat sich dieser Spross der Leflaive-Familie (siehe S. 91-95) einen verdienten Ruf als Lieferant verlässlicher Weine von einer Qualität erarbeitet, wie man sie nur noch bei wenigen Traditionsfirmen findet.

ETABLISSEMENTS LORON ET FILS Großer, sehr zuverlässiger Lieferant einer umfangreichen Palette von Beaujolais-Weinen.

OLIVIER MERLIN Neueinsteiger mit Sitz in dem winzigen Dörfchen La Roche-Vineuse. Er bringt zwei der interessantesten Weine des Mâconnais auf den Markt. Sie stammen beide von der eigenen Domaine du Vieux Saint-Sorlin und werden zunehmend aus eingekauften Trauben bereitet.

PATRIARCHE PERE ET FILS Bis vor kurzem war das Haus vor allem für seine Kriter-Schaumweine, die wohlplatzierten Keller in Beaune – besonders den Couvent des Cordeliers sowie den Marché aux Vins –

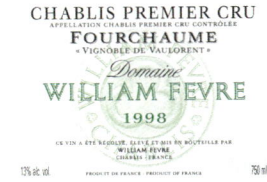

und die feinen Weine aus dem firmeneigenen Château de Meursault bekannt. Seit nach dem Tod des langjährigen Besitzers André Boisseaux 1993 eine neue Generation das Ruder übernommen hat, verbessert sich auch die Qualität der anderen Erzeugnisse.

ANTONIN RODET Das Unternehmen mit Sitz in Mercurey hat sich auf makellose, preisgünstige Weine von der Côte Chalonnaise spezialisiert. Es besitzt bzw. führt unter anderem das Château de Chamirey (Quelle eines der besten Weißen aus Mercurey), das Château de Rully und das Château de Mercey in den Hautes Côtes. Bertrand Devillard lässt den Winzerinnen und Winzern freie Hand. Eine der besten, Nadine Gublin, hat Wunder bewirkt und die bis vor kurzem unter ihren Möglichkeiten gebliebene Domaine Jacques Prieur in Meursault zu neuen Höhen geführt.

AUSGEWÄHLTE GENOSSENSCHAFTEN

CAVE DES VIGNERONS DE BUXY Einer der technischen Vorzeigebetriebe von Burgund; seine Mitglieder bewirtschaften insgesamt 750 Hektar. Die große, im Herzen der Côte Chalonnaise gelegene Genossenschaft bringt zunehmend bessere Weine auf den Markt.

LA CHABLISIENNE Eine riesige Kooperative, die für ein Drittel der Produktion in Chablis verantwortlich ist. Als einer der wenigen Betriebe ihrer Art achtet sie sogar bei den schlichteren Erzeugnissen auf gute Qualität.

CAVE DE VIRE-CLESSE Die ungewöhnlich qualitätsbewusste, für Neuerungen offene Betriebsleitung ist zu einem großen Teil für die Gründung der neuen Appellation Viré-Clessé verantwortlich. Die Genossenschaft bereitet saubere, fruchtige, für die Region typische Weine mit günstigem Preis-Leistungs-Verhältnis.

AUSGEWÄHLTE GÜTER

DOMAINE DU MARQUIS D'ANGERVILLE Ein herausragendes Gut in Volnay von beträchtlicher historischer Bedeutung (siehe S. 82). Seine Weine sind dank der Güte der Weinberge und der sorgfältigen Bereitung von bestechender Qualität. Dem Haus gehört unter anderem der gesamte Premier cru Clos des Ducs.

JEAN-MARC BOILLOT Als Enkel von Etienne Sauzet forderte Jean-Marc seinen Anteil an den Familienbesitzungen in Pommard. Er hat sich als würdiger Winzer erwiesen.

MICHEL BOUZEREAU Unter dem halben Dutzend Bouzereaus, die in Meursault Weine bereiten, ist er der Beste. Aus seinen Kellern stammt ein hervorragender Aligoté der Appellation Bouzeron.

DOMAINE CHANDON DE BRIAILLES 1989 kaufte die Chandon-Dynastie (Moët & Chandon) das Gut zurück. Der Betrieb besitzt Parzellen in vielen der besten Lagen der Côte de Nuits. Er erzeugt ganz herrliche Tropfen, die zum Großteil auf das Konto von Claude de Nicolay gehen, einem der wenigen burgundischen Weinmacher, die schon in der Neuen Welt Erfahrungen gesammelt haben.

DOMAINE GERARD CHAVY ET FILS Klassische Weine aus Puligny-Montrachet, die viel Zeit brauchen, um zum Höhepunkt zu gelangen.

NÜTZLICHE INFORMATIONEN

  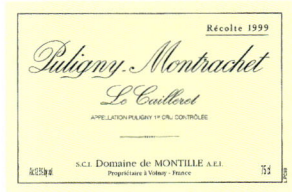 

DOMAINE BRUNO CLAIR Historisches Familiengut an der Côte de Nuits, in das der zukunftsorientierte Winzer Bruno Clair nach der Übernahme im Jahr 1989 ganz neuen Schwung gebracht hat.

J.-F. COCHE-DURY Erzeuger einiger der gesuchtesten Burgunder aus Weinbergen nördlich und südlich von Beaune (in Corton und Meursault). Sie werden vorzugsweise an die besten Restaurants in Frankreich geliefert.

DOMAINE DUJAC Eine burgundische Legende – wegen der Weine, aber auch wegen des Pioniergeists des unermüdlichen Winzers Jacques Seysses, der elegante, geschmacksintensive Weine von der ganzen Côte de Nuits erzeugt.

DOMAINE WILLIAM FEVRE Die in den 1950er-Jahren von Fèvre (siehe S. 136) aufgebaute Kellerei gehört mittlerweile Bouchard Père et Fils. Die Weine sind allesamt ausgezeichnete Beispiele für die Vorteile, die der wohlüberlegte Einsatz von Holz beim Ausbau feiner, langlebiger Chablis bringt.

DOMAINE JEAN GRIVOT Besitzer einiger kostbarer Weinberge, die Etienne Grivot mit Liebe pflegt.

DOMAINE MICHEL GROS Niedrige Erträge und eine Dosis neuer Eiche sind das Erfolgsrezept, mit dem dieses historische Gut große Weine bereitet.

BERNARD HUDELOT Der herausragende Winzer der Hautes Côtes. Seine eindrucksvollen Weine erzielen hohe Preise.

DOMAINE JACKY JANODET Janodet ist einer der seltenen Superstars des Beaujolais. Die Kellerei hat wie das Gut von Georges Duboeuf ihren Sitz in Romanèche-Thorins und erzeugt robuste, verführerische, in Holz ausgebaute Moulin-à-Vent und Saint-Amour.

HENRI, GEORGES & LUCIEN JAYER & NEFFE EMMANUEL ROUGET Die komplizierten Familienverhältnisse sind schwer zu durchschauen. Der Star ist Henri, der sich fanatisch für sauberen Anbau und niedrige Erträge einsetzt. Kenner in aller Welt reißen sich um seine Weine.

DOMAINE MICHEL JUILLOT Preisgünstige Rote und Weiße von einem der besten Erzeuger in Mercurey.

DOMAINE DES COMTES LAFON Nach Ansicht von Anthony Hanson übertreffen die Weißen dieses Guts in Meursault die Grands crus weniger guter Winzer in Chassagne oder Puligny «durch Komplexität, Potenzial und Geschmacksreichtum».

DOMAINE LAROCHE Das Gut ist seit 1975 rasch gewachsen, was der Qualität von Michel Laroches Chablis-Weinen von vielen der besten Crus-Lagen allerdings keinen Abbruch getan hat.

DOMAINE LEROY Das neueste und außergewöhnlichste größere Gut in Burgund. Gegründet hat es die formidable Lalou Bize-Leroy, nachdem sie dem Familiengut Domaine de la Romanée-Conti 1991 den Rücken kehrte. Sie kaufte ein Dutzend Parzellen in den besten Lagen ein und stieg (nicht ohne Probleme) auf biodynamischen Weinbau um. Heute erzeugt sie Weine von Ehrfurcht gebietender Tiefe – allerdings auch zu Schwindel erregenden Preisen.

DOMAINE MEO-CAMUZET Etienne Camuzet, seines Zeichens stellvertretender Abgeordneter zwischen den Kriegen und Stifter des Château du Clos de Vougeot an die Chevaliers du Tastevin, baute die Kellerei auf. Hier erblicken üppige, ungefilterte, langlebige Weine von der Côte de Nuits das Tageslicht. Mittlerweile führt den Betrieb Camuzets Großneffe Jean Méo, ein ehemaliger Industrieller.

DOMAINE MICHELOT Das von Bernard Michelot und seinem Schwiegersohn Jean-François Mestre geführte Gut bietet eine breite Palette von Weinen an. Darunter ist auch ein guter, einfacher Bourgogne Blanc, obwohl die Erträge selbst der besten Erzeugnisse dem Vernehmen nach etwas hoch sind.

HUBERT DE MONTILLE Der Anwalt aus Dijon ist ein Experte für Weinrecht (und Weine). Er kultiviert eine Reihe äußerst günstig gelegener Parzellen in Volnay und Pommard. Er und sein Sohn Etienne, der das Gut mittlerweile übernommen hat, setzen sich mit Nachdruck für eine Beschränkung der Chaptalisierung ein (der Anreicherung des Mosts mit Zucker zur Erhöhung des Alkoholgehalts). Ihre Weine bringen das *terroir* deshalb unverfälscht zum Ausdruck.

NAUDIN-FERRAND Die rührige Claire Naudin (siehe S. 108) bietet ein umfangreiches Sortiment gut gemachter Weine von den Hautes Côtes an.

DOMAINE FERNAND ET LAURENT PILLOT Dank alter Rebstöcke und einer sorgfältigen Vergärung und Reifung entstehen in dieser Domäne mit 14 Hektar Rebland in Chassagne klassische Gewächse.

CHATEAU DE POMMARD 20 Hektar Einzelbesitz – das ist Rekord in Burgund. Eigentümer Jean-Louis Laplanche gehört zu Frankreichs bekanntesten Psychoanalytikern. Er setzt auf traditionelle Weinbaumethoden, starken Rückschnitt und niedrige Erträge.

DOMAINE RAMONET Für Liebhaber von Erzeugerabfüllungen eine «Pilgerstätte», wie Hanson meint. In den 1930er-Jahren erlangten Pierre Ramonets Weine in den USA und in Frankreich einen legendären Ruf. Heute sorgen die Brüder Jean-Claude und Noël Ramonet dafür, dass die Kellerei weiterhin uneingeschränkte Achtung genießt.

DOMAINE DE LA ROMANEE-CONTI Das bei weitem großartigste Gut in Burgund (siehe S. 54-55).

DOMAINE SAUZET In den etwa vier Jahrzehnten vor seinem Ableben 1975 schuf Etienne Sauzet eine der bekanntesten Kellereien von Burgund. Sein Schwiegerenkel Gérard Boudot wahrt die Reputation des Guts mit einigen interessanten Premier-cru-Lagen in Puligny und Chassagne, kauft aber auch Lesegut und Most von anderen Weinbauern.

GUY SIMON ET FILS Gut eingeführter Betrieb in den Hautes Côtes, der einige der besten Weine der Appellation produziert.

DOMAINE DU COMTE GEORGES DE VOGÜE Ein großes Gut, das 70 Prozent der Grand-cru-Lagen von Musigny und fast 20 Prozent von Bonnes-Mares besitzt. Es erzeugt heute *terroir*-typische Weine.

APPELLATIONEN UND GRANDS CRUS

REGIONALE APPELLATIONEN
Bourgogne
Bourgogne Aligoté
Bourgogne Chitry
Bourgogne Clairet oder Bourgogne Rosé
Bourgogne Côte Chalonnaise
Bourgogne Côte du Couchois
Bourgogne Côte Saint-Jacques
Bourgogne Côtes d'Auxerre
Bourgogne Coulanges-la-Vineuse
Bourgogne Epineuil
Bourgogne (Grand) Ordinaire
Bourgogne Hautes-Côtes de Beaune
Bourgogne Hautes-Côtes de Nuits
Bourgogne Mousseux
Bourgogne Passe-Tout-Grains
Bourgogne Vézelay
Crémant de Bourgogne
Mâcon
Mâcon (und Name des Dorfes)
Mâcon Supérieur
Mâcon-Villages
Pinot-Chardonnay-Mâcon

GEMEINDEAPPELLATIONEN
Aloxe-Corton
Auxey-Duresses
Beaune
Blagny
Bouzeron
Chablis (und Chablis Premier cru)
Chambolle-Musigny
Chassagne-Montrachet
Chorey-lès-Beaune oder Chorey
Côte de Beaune
Côte de Nuits-Villages
Fixin
Gevrey-Chambertin
Givry
Irancy
Ladoix
Maranges
Marsannay
Marsannay Rosé
Mercurey
Meursault
Montagny
Monthelie
Morey-Saint-Denis
Nuits-Saint-Georges oder Nuits
Pernand-Vergelesses
Petit Chablis
Pommard
Pouilly-Fuissé
Pouilly-Loché
Pouilly-Vinzelles
Puligny-Montrachet
Rully
Saint-Aubin
Saint-Romain
Saint-Véran
Santenay
Sauvignon de Saint-Bris
Savigny-lès-Beaune oder Savigny
Viré-Clessé
Volnay
Volnay-Santenots
Vosne-Romanée
Vougeot

GRANDS CRUS
Bâtard-Montrachet
Bienvenues-Bâtard-Montrachet
Bonnes-Mares
Chablis Grand cru
Chambertin
Chambertin-Clos de Bèze
Chapelle-Chambertin
Charlemagne
Charmes-Chambertin
Chevalier-Montrachet
Clos de la Roche
Clos de Tart
Clos de Vougeot
Clos des Lambrays
Clos Saint-Denis
Corton
Corton-Charlemagne
Criots-Bâtard-Montrachet
Echezeaux
Grands Echezeaux
Griotte-Chambertin
La Grande Rue
La Romanée
La Tâche
Latricières-Chambertin
Mazis-Chambertin
Mazoyères-Chambertin
Montrachet
Musigny
Richebourg
Romanée-Conti
Romanée-Saint-Vivant
Ruchottes-Chambertin

DANK, BILD- UND QUELLENNACHWEIS

DANK

Dieses Buch wäre ohne die tatkräftige Unterstützung zweier großer Persönlichkeiten und Freunde nie zustande gekommen: Anthony Hanson aus London ist Verfasser eines Standardwerks zum Thema Burgund. Und der Burgunder Jean-François Bazin ist Autor, Journalist, Politiker und der liebenswerteste, kenntnisreichste und zitierfähigste aller Fremdenführer. Zu Dank bin ich ferner Jean-Charles Servant und Nellie Blau vom Bureau Interprofessionel des Vins de Bourgogne (BIVB) sowie Anne Masson von der Union Interprofessionelle des Vins du Beaujolais (UIVB) verpflichtet.

Eine unschätzbare Hilfe im englischen Verlag waren mir Bob Saxton, James Hodgson (ein genauer, aber keineswegs nörglerischer Redakteur) und Emma Rose (eine großartige Buchdesignerin).

IM DIESEM BUCH ZITIERTE WERKE

S. 14-16, 29, 91 Cyrus Redding, *A History and Description of Modern Wines*, London, 1833

S. 31, 88, 91, 93 Simon Loftus, *Puligny-Montrachet*, Ebury Press, London, 1992

S. 43 André Védel et al., *Essai sur la dégustation des vins*, INAO, Mâcon, 1972

S. 63, 68, 80, 134, 138, 141, 142 Anthony Hanson, *Burgundy*, Faber and Faber, London, 1995 (zweite Auflage)

S. 88, 112 Oz Clarke und Margaret Rand, *Grapes and Wines*, Websters International Publishers, London 2001

S. 88-91 Claude Arnoux, *Dissertation sur la situation en Bourgogne*, London, 1728.

BILDNACHWEIS

Der Verlag dankt den folgenden Privatpersonen und Bildarchiven für die freundliche Genehmigung zum Nachdruck ihres Materials. Bei der Feststellung der Urheberrechte wurde mit größtmöglicher Sorgfalt vorgegangen. Sollten dennoch Urheber nicht genannt werden, so bitten wir um Entschuldigung. Wir werden, so weit uns Auslassungen zur Kenntnis gebracht werden, den Fehler in künftigen Auflagen beheben.

S. 13 Musée du vin de Bourgogne, Beaune/Art Archive, London/Dagli Orti

S. 27 Kloster Saint-Philibert, Tournus/Bridgeman Art Library, London

S. 36 Stadtbibliothek, Dijon/AKG, London/Erich Lessing

S. 54 Collection Confrérie des Chevaliers du Tastevin, Nuits-St-Georges

S. 61 Hôtel-Dieu, Beaune/Bridgeman Art Library, London

S. 66 Frans Hals Museum, Haarlem/Bridgeman Art Library, London

S. 73 Musée du vin de Bourgogne, Beaune/Art Archive, London/ Dagli Orti

S. 124 Kirche, Bagnot/AKG, London/Jean-Paul Dumontier

S. 129 Sammlung Georges Duboeuf, Romanèche-Thorins

S. 132 Privatsammlung